U0508800

近代区域文化系列

北京史话

A Brief History of Beijing

果鸿孝 / 著

社会科学文献出版社
SOCIAL SCIENCES ACADEMIC PRESS (CHINA)

图书在版编目（CIP）数据

北京史话/果鸿孝著 .—北京：社会科学文献出版社，2011. 12
（中国史话）
ISBN 978 – 7 – 5097 – 2594 – 8

Ⅰ . ①北… Ⅱ . ①果… Ⅲ . ①北京市 – 地方史 – 近现代 Ⅳ . ①K291

中国版本图书馆 CIP 数据核字（2011）第 150844 号

"十二五"国家重点出版规划项目

中国史话·近代区域文化系列

北京史话

著　　者 / 果鸿孝

出 版 人 / 谢寿光
出 版 者 / 社会科学文献出版社
地　　址 / 北京市西城区北三环中路甲 29 号院 3 号楼华龙大厦
邮政编码 / 100029

责任部门 / 人文科学图书事业部　（010）59367215
电子信箱 / renwen@ ssap. cn
责任编辑 / 范　迎　安书社
责任校对 / 黄　丹
责任印制 / 岳　阳
总 经 销 / 社会科学文献出版社发行部
　　　　　　（010）59367081　59367089
读者服务 / 读者服务中心（010）59367028

印　　装 / 北京画中画印刷有限公司
开　　本 / 889mm×1194mm　1/32　印张 / 5.5
版　　次 / 2011 年 12 月第 1 版　　字数 / 108 千字
印　　次 / 2011 年 12 月第 1 次印刷
书　　号 / ISBN 978 – 7 – 5097 – 2594 – 8
定　　价 / 15. 00 元

总　序

中国是一个有着悠久文化历史的古老国度，从传说中的三皇五帝到中华人民共和国的建立，生活在这片土地上的人们从来都没有停止过探寻、创造的脚步。长沙马王堆出土的轻若烟雾、薄如蝉翼的素纱衣向世人昭示着古人在丝绸纺织、制作方面所达到的高度；敦煌莫高窟近五百个洞窟中的两千多尊彩塑雕像和大量的彩绘壁画又向世人显示了古人在雕塑和绘画方面所取得的成绩；还有青铜器、唐三彩、园林建筑、宫殿建筑，以及书法、诗歌、茶道、中医等物质与非物质文化遗产，它们无不向世人展示了中华五千年文化的灿烂与辉煌，展示了中国这一古老国度的魅力与绚烂。这是一份宝贵的遗产，值得我们每一位炎黄子孙珍视。

历史不会永远眷顾任何一个民族或一个国家，当世界进入近代之时，曾经一千多年雄踞世界发展高峰的古老中国，从巅峰跌落。1840 年鸦片战争的炮声打破了清帝国"天朝上国"的迷梦，从此中国沦为被列强宰割的羔羊。一个个不平等条约的签订，不仅使中国大量的白银外流，更使中国的领土一步步被列强侵占，国库亏空，民不聊生。东方古国曾经拥有的辉煌，也随着西方列强坚船利炮的轰击而烟消云散，中国一步步堕入了半殖民地的深渊。不甘屈服的中国人民也由此开始了救国救民、富国图强的抗争之路。从洋务运动到维新变法，从太平天国到辛亥革命，从五四运动到中国共产党领导的新民主主义革命，中国人民屡败屡战，终于认识到了"只有社会主义才能救中国，只有社会主义才能发展中国"这一道理。中国共产党领导中国人民推倒三座大山，建立了新中国，从此饱受屈辱与蹂躏的中国人民站起来了。古老的中国焕发出新的生机与活力，摆脱了任人宰割与欺侮的历史，屹立于世界民族之林。每一位中华儿女应当了解中华民族数千年的文明史，也应当牢记鸦片战争以来一百多年民族屈辱的历史。

当我们步入全球化大潮的 21 世纪，信息技术革命迅猛发展，地区之间的交流壁垒被互联网之类的新兴交流工具所打破，世界的多元性展示在世人面前。世界上任何一个区域都不可避免地存在着两种以上文化的交汇与碰撞，但不可否认的是，近些年来，随着市场经济的大潮，西方文化扑面而来，有些人唯西方为时尚，把民族的传统丢在一边。大批年轻人甚至比西方人还热衷于圣诞节、情人节与洋快餐，对我国各民族的重大节日以及中国历史的基本知识却茫然无知，这是中华民族实现复兴大业中的重大忧患。

中国之所以为中国，中华民族之所以历数千年而不分离，根基就在于五千年来一脉相传的中华文明。如果丢弃了千百年来一脉相承的文化，任凭外来文化随意浸染，很难设想13亿中国人到哪里去寻找民族向心力和凝聚力。在推进社会主义现代化、实现民族复兴的伟大事业中，大力弘扬优秀的中华民族文化和民族精神，弘扬中华文化的爱国主义传统和民族自尊意识，在建设中国特色社会主义的进程中，构建具有中国特色的文化价值体系，光大中华民族的优秀传统文化是一件任重而道远的事业。

当前，我国进入了经济体制深刻变革、社会结构深刻变动、利益格局深刻调整、思想观念深刻变化的新的历史时期。面对新的历史任务和来自各方的新挑战，全党和全国人民都需要学习和把握社会主义核心价值体系，进一步形成全社会共同的理想信念和道德规范，打牢全党全国各族人民团结奋斗的思想道德基础，形成全民族奋发向上的精神力量，这是我们建设社会主义和谐社会的思想保证。中国社会科学院作为国家社会科学研究的机构，有责任为此作出贡献。我们在编写出版《中华文明史话》与《百年中国史话》的基础上，组织院内外各研究领域的专家，融合近年来的最新研究，编辑出版大型历史知识系列丛书——《中国史话》，其目的就在于为广大人民群众尤其是青少年提供一套较为完整、准确地介绍中国历史和传统文化的普及类系列丛书，从而使生活在信息时代的人们尤其是青少年能够了解自己祖先的历史，在东西南北文化的交流中由知己到知彼，善于取人之长补己之短，在中国与世界各国愈来愈深的文化交融中，保持自己的本色与特色，将中华民族自强不息、厚德载物的精神永远发扬下去。

《中国史话》系列丛书首批计 200 种，每种 10 万字左右，主要从政治、经济、文化、军事、哲学、艺术、科技、饮食、服饰、交通、建筑等各个方面介绍了从古至今数千年来中华文明发展和变迁的历史。这些历史不仅展现了中华五千年文化的辉煌，展现了先民的智慧与创造精神，而且展现了中国人民的不屈与抗争精神。我们衷心地希望这套普及历史知识的丛书对广大人民群众进一步了解中华民族的优秀文化传统，增强民族自尊心和自豪感发挥应有的作用，鼓舞广大人民群众特别是新一代的劳动者和建设者在建设中国特色社会主义的道路上不断阔步前进，为我们祖国美好的未来贡献更大的力量。

陈奎元

2011 年 4 月

⊙果鸿孝

　　果鸿孝，北京人，1936 年生，1959 年毕业于北京师范大学历史系。曾任北京史研究会会员，中国经济史研究会会员，中国社会科学院近代史研究所研究员。主要从事清末民初社会经济研究工作。世居北京，对北京社会经济、文化习俗有一定了解和研究。曾著有《中国近世通鉴·经济专卷》、《清宫纪事》、《昔日北京大观》等书。

目　录

北京史话

一　政治风云

　北京的三次沦陷

　　北京这座古老美丽的城市，在近代中国历史上，由于外国的入侵，曾遭受了 3 次沦陷之苦。这便是1860 年英法联军的焚烧，1900 年八国联军的屠戮，以及 1937 年日本侵略者的占领。

　　1840 年的鸦片战争，英国侵略者从中国获取了很大的权益。但是列强的欲望是没有止境的。为了迫使清政府进一步屈服，英法两国制造借口发动了第二次鸦片战争。1858 年 5 月 20 日，英法两国军队在炮舰的掩护下占领了大沽炮台。26 日，侵略军进攻天津，并扬言要攻占北京。这时，慌了手脚的咸丰皇帝赶忙派官员前往天津与入侵者议和。6 月，清政府全部接受了侵略者提出的条件，分别与两国签订了不平等的《天津条约》。

　　《天津条约》签订后，英法两国政府仍未满足，蓄意再次挑起战火。1860 年 4 月，英法联军攻占舟山，继而北上，夺取了大连湾和烟台。8 月初，英法联军从北塘登陆，14 日、21 日相继攻占塘沽、大沽。9 月 21 日，清军在通州八里桥大败，京城门户大开。次日，咸丰帝仓皇逃往热河，命其弟恭亲王奕䜣留京"督办和局"。

10 月 5 日，侵略军占领北京西北郊的圆明园，大肆抢劫金银财宝，文物珍品，凡"遇珍贵可携者则攫而争夺，遇珍贵不可携的则以棒击毁，必至粉碎而后快"。同时侵略军还在海淀、六里屯、亮马桥、小关等地烧杀抢掠，纵火焚烧德胜门角楼，炮轰西直门。京郊民众忍无可忍，圆明园附近谢庄百姓，在猎户冯三保带领下奋勇抗击侵略者。然而，清廷官员却一味奴颜求和。

10 月 13 日，清廷留城官员义道等人竟然开门揖盗，将安定门打开，让侵略军大摇大摆地开进了城。进城的侵略军在安定门架起了大炮，四处进行巡逻。15 日，各城门的清兵帐篷军器，"及城门守兵，并枪刀弓箭等物"，居然全部撤走，使北京成了一座不设防的城池。在京城完全为侵略者所控制的情况下，奕䜣全盘接受了英法提出的条件，不仅与侵略者交换了《天津条约》的批准书，而且又分别与英法签订了《北京条约》。北京的第一次陷落就这样与英法侵略军的枪炮和清政府的妥协退让屈辱地结合在一起。

1900 年，也就是英法联军侵入北京，焚烧圆明园后的第 40 个年头，中国仍然处于民族危机的灾难之中。随着帝国主义侵略的步步深入，清廷对内高压对外屈从，终于发生了义和团运动。以山东为中心的义和团运动像一股巨大的洪流，迅速蔓延华北和东北。是年入夏以后，义和团发展到了京城。由于义和团打出"扶清灭洋"的旗号，得到了清廷的支持，京城内外拳民日众，处处设坛习武，仅城内就有坛800余座。义和团在北京的迅猛发展，引起了帝国主义列强的极大恐慌和仇视，他们决心对义和团进行疯狂镇压。

6月初，英、法、美、俄、日、德、意、奥等八国组成联军，开始发动了对中国的侵略战争。17日，侵略军占领大沽炮台。这时，天津城内外的义和团民与爱国的清军奋起和侵略军进行了近一个月之久的战斗。7月14日，天津沦于敌手。天津陷落20天后，一支2万人的侵略军由天津沿运河开始向北京推进。清军和义和团民曾于北仓、杨村、河西务、通州等地设防抵抗，但由于清军腐败，虽然人数不下10万之众，但多是"闻敌辄溃，实未一战"。这样就使得侵略军进军的速度加快了。

8月13日深夜，侵略军兵临北京城下。守卫京师的禁军不战自溃，号称善战的甘军也逃跑了。14日，"夷兵自广渠、朝阳、东便三门"打进城来，慈禧闻讯便携带光绪，"青衣徒步，至西华门外乘驴车"逃出京城。北京再次沦陷了。

北京陷落后，八国联军分国划界，屯兵驻扎，随之开始了空前规模的杀戮、抢掠、焚烧和奸淫。被八国联军屠杀的不仅是义和团团民，而且有众多的平民百姓。侵略军不仅随意开枪杀人，甚而将人绞死或活埋。北京无论大街小巷，还是民舍官邸，处处可见到横七竖八倒着的尸体。抢掠是明令准许的，联军统帅瓦德西就曾招认说："联军占领北京后，曾特许军队公开抢劫 3 日，其后更继以私人抢劫"。参加抢劫的不仅是军队，教堂的神职人员，驻华的公使，甚至连他们的夫人均参与其间。抢掠财物的价值，"将永远不能查出，但为数必极重大无疑"。至于放火焚烧，奸淫妇女，更是罄竹难书。

经过这场空前的洗劫，一座逾 300 万居民的北京城，竟然变成了"坊市萧条，狐狸昼出"的荒凉之地。

历史又过去了 30 多年，中国依然没能摆脱半殖民地半封建社会的苦难深渊。还在 1937 年，卢沟桥事变发生前，一直图谋灭亡中国的日本帝国主义就出动了军队从东、北及东南三个方面包围了北京（当时称北平）。卢沟桥事变发生后，蒋介石却电告驻守北平的第二十九军军长宋哲元："无论战和，万勿单独进行"。宋哲元便命令部队"既要极力奋战，又要尽力避战"，实际采取了"尽力避战"的退让态度。然而此时的日军在北平的周围却越聚越多。

随着日军咄咄进逼，北平民众及广大二十九军官兵抗日热情的高涨，宋哲元的态度也开始有所变化。7月 25 日、26 日，当日本侵略军于廊坊和广安门进行军事进攻和挑衅时，宋哲元便果断地命令二十九军进行坚决的抵抗。二十九军广大官兵同仇敌忾，给予日军有力的打击。然而这时日军已全部完成了对北平进攻的战略部署。宋哲元坚决抵抗的决心来得太迟了。

7月27日，日军在向北平发动总攻之前，对通县、团河及小汤山等地的二十九军发动了攻击，迫使这些驻地的二十九军退到了南苑，接着日军向二十九军军部南苑扑来。当天，宋哲元命令二十九军军部移到北平城内，并命令赵登禹师长为南苑地区指挥官，与留在南苑的副军长佟麟阁协同作战。

28日清晨，日本机械化部队在飞机大炮的掩护下，开始向南苑、北苑、黄寺及沙河一带的二十九军发动了全线进攻。在南苑的战斗中，日军从东、南两侧进攻，在切断南苑至北平的路后，又从北面扑了过来。尽管二十九军官兵进行顽强的抵抗，但是在敌机的狂轰滥炸下，南苑部队的通信设备遭到严重破坏，统一指挥失灵，伤亡极其惨重，不得不撤回北平。部队在撤退的过程中，由于缺乏统一指挥和掩护，以及敌人的堵截，两位高级指挥官佟麟阁与赵登禹先后壮烈牺牲。是日下午，北平的南大门南苑陷入敌手。

当南苑战况急趋恶化时，宋哲元将北平的军政权力交予了张自忠，自己移往保定去了。8月4日，日军开进北平。14日，具有民族正气感的张自忠秘密逃出了日军魔掌。19日，汉奸江朝宗出任伪北平市市长。

就这样，古老的北平再一次地沦陷了，日本占领北平长达8年之久。8年中，居民百姓处于水深火热之中，受尽了民族的压迫和凌辱。但是古城的人民没有屈服，他们采用各种形式，一直坚持同日本侵略者及其走狗进行顽强斗争。

辛亥革命前后的北京

辛亥革命推翻了中国历史上最后一个封建王朝——清朝，结束了中国 2000 多年的封建君主专制制度。这是中国历史上具有划时代意义的重大事件。那么，北京作为清王朝的都城，在辛亥革命前后，情况又是怎样的呢？

1901 年《辛丑条约》签订后，随着资产阶级革命运动日益高涨，清廷迫于形势开始推行"新政"，裁冗员、设学堂、编新军、兴实业等举措先后出台。然而"新政"只不过是清廷的"敷衍之策"。资产阶级改良派认为，如果国家"政体不更，宪法不立，武备、实业终莫能兴"，因此，向清廷提出了"立宪"要求。资产阶级革命派更认为"新政"乃是清廷骗人的伎俩。于是当 1905 年清廷宣布派五大臣出洋考察新政时，有革命党人吴樾挺身而出，他慨然表示，"樾生平自认为中华革命男子"，决不甘当清廷统治下的"非驴非马之立宪国民"，"故宁牺牲一己之肉体，以剪除此考求宪政之五大臣"。10 月 24 日，吴樾于前门火车站，携炸弹登上了五大臣离京的专车。随着一声巨响，炸弹爆炸，吴樾当场牺牲。五大臣虽未丧命，却使清廷受到极大的震动。

1906 年，清廷为维护其统治，宣布实行"预备立宪"，但它既不宣布立宪年限，更不肯放权。于是立宪派便提出"请开国会"的要求，继而掀起国会请愿活动。当时京城立宪派慷慨激昂，又是召开大会，又是征集签名，并提出了"以三年为国会之期，以国会为立宪之本"的要求。

1908年冬，光绪和慈禧先后病死，年幼的溥仪继承皇位，由他的父亲载沣摄政，汉族官吏遭到排挤，政权完全落入皇族手中。因此国会请愿活动再掀高潮。1910年，立宪派在北京连续发动了三次全国性的国会大请愿。清廷虽被迫宣布提前于1913年召开国会，却又下令解散各请愿代表团，把外地代表统统驱赶出京师。同时于次年5月，公然建立了以庆亲王奕劻为内阁总理大臣的"皇族内阁"，将"预备立宪"这块欺人的面纱完全撕去。立宪派请开国会实行"立宪"的要求实际完全落空。

正当立宪派的国会请愿活动搞得热火朝天之时，革命党人又在京城组织了一起暗杀活动。这次暗杀活动的策划者为汪精卫。汪当时力主"排满"和暗杀，并在革命党人中组织暗杀团。孙中山虽不赞成搞暗杀，对汪进行多次劝告，却终未能阻止。暗杀团到北京后，以琉璃厂一家照相馆为据点，四处活动，最后选中摄政王载沣为暗杀对象。

1910年4月1日夜，暗杀团成员喻培伦、黄复生潜伏于摄政王府东一座小桥下，安置炸弹，准备载沣经过此处时将他炸死。不料事泄，清兵将汪精卫、黄复生等人捕获，并将汪、黄二人判为终身监禁。尽管载沣保住了性命，但却无法阻止革命的爆发。一年后，震撼中华大地的起义枪声终于在武昌响起了。

当武昌起义的快报传到北京后，清廷被震呆了。载沣手忙脚乱，六神无主。在紧急召开的"御前会议"上，他双眉紧锁，面如土灰，许久未发一言，整个会议像死一样的沉寂。直到庆亲王奕劻恳请派陆军大臣荫昌统兵前往镇压，他才如梦初醒，连连点头表示赞许。

随后，武昌起义的消息传遍京城，达官显贵均感突然，街头巷尾议论纷纷，人心惶惑，谣言四起。一时挤兑风起，金价上扬。不少殷实人家携款存入外国银行，并将眷属安置于租界之内。南籍京官及其家眷离京者亦为不少，致使前门车站拥挤不堪，行李如山。入夜之后，由于停电，街巷之中几无人迹。"大清国的气数已尽"，成了京城百姓私下的口头语。

清廷在无可奈何之际，不得不再度起用袁世凯，妄图用他的北洋军扑灭革命烈火。这时南方许多省份已纷纷响应武昌起义，相继宣告独立。然而在清王朝统治的中心北京及直隶一带，反动势力却仍在竭力挣扎。当时直隶总督陈夔龙就公然叫喊："北京现有皇上，当此人心不靖之秋，惟以保卫地方为宗旨，勿论新党旧党，或官或绅，遇有作乱犯上，扰害地方者，杀无赦，他非所知。"面对如此形势，潜伏在北京及其附近的革命党人，摩拳擦掌，积极开展活动，他们准备采用革命的暴力手段，配合南方革命党人，一举摧毁清王朝。

1911年11月初，袁世凯被清廷任命为内阁总理大臣。阴险狡诈集军政大权于一身的袁世凯，虽然表面上表示效忠朝廷，暗中却与革命党人联络，企图利用新旧势力之争，自己夺得天下。11月27日，北京的革命党人陈雄、李汉杰、高新华秘密商定，在城里举行起义。当袁世凯得知这一消息后，便假意表示支持，并拿出了5000余元，作为配合起义的"发动费"，还约定29日晚10时鸣炮为号，由其长子袁克定率北洋军予以响应。陈雄等革命党人信以为真，加紧进行准备，三人还都自告奋勇参加了敢死队。时至29日夜，革命党人按计划举事，但他们万万没有想到袁世凯的奸诈和欺骗，当夜由袁克定带来的军队不是支援，而是捉拿革命党人。结果三位领导人先后被捕，不幸牺牲。但北京起义的失败并没有削弱革命党人的斗争意志，当1912年1月初，近畿滦州爆发起义后，北京地区的革命党人又在积极准备行动了。

京东通州不仅是古运河的起点，还有座环境幽静的协和书院（今潞河中学的前身）。1911年春，有位17岁的青年蔡德辰来到了这所教会学校学习，他以书院为掩护，在学生中秘密组织了共和会通州支部，并经常到北京城内革命党办的国风报馆进行联络。同时还利用书院常与当地驻军来往的有利条件，积极联络军队中的下级官兵。12月，通州共和会会员全体加入了同盟会。

1912年1月初，当滦州革命军宣告独立，揭起武装反清旗帜时，蔡德辰便决定于12日在通州举义，配合滦州革命军直捣清廷。可惜不久滦州起义便失败了，通州起义被迫推迟。就在此时，出狱不久的汪精卫

（当时任京津同盟会会长）派人前来阻止通州起义，声称现正值南北议和谈判，起义不得举行。蔡德辰等人对汪与袁世凯的关系已有所察觉，没有理会汪的劝阻。然而1月16日，在汪精卫的出卖下，蔡德辰、王治增等7人遭到了清军逮捕，随后被残忍杀害。通州起义因此而失败了。

正当清军扑灭通州举义的时刻，北京城里又响起了炸弹声。袁世凯出卖革命党人，镇压1911年11月底的北京起义，不仅激怒了通州蔡德辰等人，同时也激怒了北京的张先培等革命志士。1912年1月中，北京革命党人张先培、黄之萌、杨禹昌等10余人，在南城荆州会馆集会，决定16日当袁世凯入宫上朝时击毙他。事先，张先培等人了解到袁出入宫均走东华门，而东华门至丁字街又是袁世凯的必经之路，于是张、黄便隐蔽在路旁的店铺中，由杨禹昌左右巡视。

时近正午，袁世凯果然乘着装饰华丽的马车从东华门出来了，卫队前簇后拥，很是神气。当马车行至张先培隐蔽的店前，张立即向袁投扔了一颗炸弹，轰的一声，马车被炸翻了，袁被扣在了车下。这时黄、杨亦将炸弹投向了袁世凯，惜均未能炸中。袁的护卫遂将张、黄、杨逮捕。次日晨，三位志士惨遭杀害。

继张先培等烈士而起的是革命党人彭家珍。彭早就以推翻清朝统治为己任。当他得知宗社党（皇族成员之组织）的头目良弼极力反对与革命政府议和及清帝退位时，便决心除掉良弼。1912年1月25日深夜彭家珍写下了"共和成，虽死亦荣，共和不成，虽生亦辱。与其生受辱，不如死得荣"的绝命书。次日，他径直来到了良弼的住所——西四北红罗厂，待良回家时，便向他投掷了炸弹。良弼的腿被炸断，两日后丧命。彭家珍志士当场也牺牲了。

革命党人的频繁起义和暗杀活动，使清廷权贵人人自危，袁世凯亦托词而不入朝，并扬言"革命党已及肘腋，祸变将防不胜防"。清廷见大势已去，终于在半月后，颁布了退位诏书。2000 年的封建专制统治从此宣告结束。

3 五四运动在京城

1918 年，第一次世界大战以协约国的胜利而告结束。次年 1 月，战胜的帝国主义列强在巴黎召开了分赃会议，即所谓的"巴黎和平会议"。中国虽然以战胜国的身份派代表参加了会议，可是在列强操纵下，会议不仅不理睬中国要求取消袁世凯与日本订立的"二十一条"提案，反而公然决定将德国原在山东的特权全部让给日本，并写进了对德和约，即"凡尔赛和约"。5 月 1 日，这一消息传到北京，京城的民众，尤其是青年学生，极为震惊。北京大学的学生没有忘记，上一年的 11 月，为庆祝大战的结束，学校还特意放假 3 天，学生和教师都曾在公众面前发表过演说，认为战争的胜利乃是"公理战胜了强权"。而今铁一般的现实告诉他们的是，强权依然如故，公理亦无胜利。他们震惊了，他们愤怒了。当日，部分爱国师生便在西斋饭厅举行会议，决定 5 月 3 日在三院礼堂举行全校学生大会，并邀请全市各校派代表参加。

5 月 3 日，北京各界民众也都纷纷举行了各种形式的集会，商讨如何抗议巴黎和会的无理决定。就在这时，北京政府中一位有良知的官员，将政府准备签字接受和约的消息，告知了北京大学校长蔡元培。蔡校长马上于东堂子胡同家中召开学生代表会议，将这一消息传告了学生代表。是晚北京大学全校学生正在三院礼堂举行大会，会上著名新闻记者邵飘萍扼要地介绍了巴黎和会讨论中国问题的经过和当前形势。学生们纷纷登台演讲，有的捶胸顿足，有的声泪俱下。当得知北京政府决定要在和约上签字的消息后，一位学生当即撕下衣襟，咬破了手指，用自己的鲜血写下了"还我青岛"四个大字。接着会议决定次日齐集天安门，举行全市各校学生的游行示威。

5 月 4 日上午，各校学生代表会聚法政专门学校，商议游行示威的具体事项。其内容包括发表演说，置备旗帜，向各国使馆表示意见，去曹汝霖家（亲日派，签订"二十一条"时的外交次长，时任交通总长）示威等项。会议散后，代表们立即赶回学校，准备带领学生于天安门集中。

午后 1 点多钟，各校学生陆续到达天安门，他们手执写着"收回山东权利"、"还我青岛"、"取消二十一条"、"拒绝在巴黎和会上签字"、"诛卖国贼曹汝霖、章宗祥（亲日派，当时为驻日公使）、陆宗舆（签订'二十一条'时的驻日公使）"等口号的旗子。这时天安门前最引人注目的是金水桥南竖立起的一面长方形白旗，上面写着痛斥卖国贼曹汝霖和章宗祥的文字。在这面旗子的旁边还挂着3日晚北京大学学生写的血书"还我青岛"。

当各校学生到齐后，一位北京大学学生代表迅速登上华表前的一张方桌，高声宣读了《北京学生界宣言》，随后学生散发传单。这时，北京政府的步军统领和警察总监先后都到了这里，对学生采取软硬兼施的伎俩，他们一面怒吼"学生队伍必须解散"，一面又说"天气很热，请诸君及早回去休息"。愤怒的学生那里会听他们的这些陈词滥调，乃是浩浩荡荡的游行队伍从天安门出发了。

当游行队伍到达东交民巷西口时，守卫在那里的军警公然出来进行阻拦。游行学生便推举代表先到美国使馆，随后又到英、法等国使馆，但美、英、法使馆都拒绝接受意见书。当学生代表来到日本使馆门前时，日本卫兵蛮横地阻止学生入内。学生代表将这一切情况立即告知广大的游行群众，学生们听后更加义愤填膺，遂决定去卖国贼曹汝霖家，找他算账。

这天的中午，曹汝霖、章宗祥正在总统府参加宴会。宴会过后，两人相约一同到了赵家楼曹汝霖的家中。大约4点多钟，大批游行的学生涌到了赵家楼曹宅的门前。愤怒的学生见曹宅大门紧闭，军警林立，便高喊："卖国贼曹汝霖快出来！"这时一些学生上前去推大门，被军警阻拦；另一些学生则爬进了院内，并从里面将大门打开。学生们便一拥而入。

冲入曹宅的学生，在院中搜寻曹汝霖时，发现正厅中居然挂着一张日本天皇的照片，更加怒不可遏，立即上前将它打得粉碎，同时还将不少家具和陈设抛在院中砸毁。这时，正躲在贮藏室里的曹汝霖吓得浑身发抖，尽管他能听见外面的动静，却一动也不敢动。

"起火了!"不知谁喊了一声。只见滚滚浓烟从曹宅冒起。这时躲在锅炉房里的章宗祥听到起火的喊声，慌忙逃了出来。但他万没想到，当他刚一钻出锅炉房就碰见了学生。学生们见他西装革履，以为他就是曹汝霖，于是不由分说将他痛打了一顿。与此同时，大队警察得知曹宅火起，迅速赶来，他们封锁了胡同，并将还未离去的学生逮捕。

学生被捕的消息很快传遍了各个学校。北京学生决定从5日起开始罢课，并发表了致各界书，抗议北京政府的暴行，要求释放被捕学生。此时各校校长也举行会议，商议如何保释学生。北京大学校长蔡元培为营救被捕学生积极奔走，有人劝他说，这样做恐怕要危及自己，他却笑着说："如危及身体，而保全大学，亦无所不可"。

5月6日，北京的学生运动迅猛发展，中等以上学校的学生联合会宣告正式成立。与此同时，北京各界也都行动了起来，纷纷举行会议，支持学生的爱国行动，要求政府释放被捕学生。面对广大民众抗议怒潮，北京政府只得于7日上午将被捕的学生释放。

当载着被释放学生的汽车驶过市内的街道时，路旁的市民向他们欢呼致敬，学生们用鼓掌和高呼"取消二十一条"，"还我青岛"等口号报以回答。随后，北京大学的同学们在校内广场上，高师的同学们在学校的礼堂中，都以极为热烈和隆重的方式欢迎被捕学生的归来。

北京政府被迫释放爱国学生，并不意味着它停止了对学生爱国行动的镇压。5月8日，北京政府竟决定要将释放的被捕学生送交法庭审判，随后又迫使北京大学校长蔡元培辞职。反动政府的卑劣行径，更加激发了学生们继续斗争的决心。为了争取全国学生的支持，北京学生联合会派代表到天津、南京、上海等城市进行宣传联络；被释放的学生也向检察厅正式提出了声明，指出"曹章等卖国，罪不容诛"，学生爱国，何罪之有；北京大学的教师和学生一起坚决要求蔡校长回校，并表示"如蔡不留，即一致总辞职"。这时北京各界群众组织也都积极行动，要求政府留任蔡元培。在巨大的社会舆论压力下，北京政府不得不下达了慰留蔡元培的命令，法院对释放学生的"传讯"也不了了之。

然而就在反动政府下达慰留蔡元培命令的同一天，即5月14日，挽留曹汝霖等卖国贼的命令也发表了。不仅如此。反动政府还下达了镇压学生运动的命令。面对反动政府的倒行逆施，学生联合会决定从5月19日始，实行总罢课。参加罢课的学生达3万人左右。学生罢课后，积极开展宣传讲演，组织救鲁义勇队，开展抵制日货等活动。6月1日，反动政府下令禁止学生联合会活动，并命令学生当日回校上课。

6月3日，当学生在全城各处进行讲演时，170多名学生遭到了军警的逮捕。次日更多的学生遭到逮捕。但5日这天，仍有数千名学生继续走上街头，以更加愤怒的心情，更加激昂的话语痛斥卖国贼。面对如此众多的愤怒学生，军警已无法再拘捕他们了。这时，全国抗议逮捕学生的呼声也越来越高。北京政府迫于全国人民的压力，只得将被捕的学生释放。

6月3日以后，五四运动发展到全国，各界人士纷纷以罢课、罢工、罢市、游行、集会等不同方式支援北京爱国学生的正义斗争。特别是工人阶级作为独立政治力量，登上了政治舞台，把运动推向更深入的发展阶段。在全国人民强大的斗争声浪冲击下，北京政府被迫免去了曹汝霖、章宗祥、陆宗舆等卖国贼的职务，中国代表也拒绝在和约上签字。这样，一场轰轰烈烈的五四爱国运动终于取得了胜利。

4 难忘的"一二九"

生活在今天的北京人，尤其是年轻人，当你听到"起来，不愿做奴隶的人们，把我们的血肉，筑成我们新的长城"这段歌词时，可曾知道60多年前，我们的祖国和民族面临着怎样的处境？

1931年，九一八事变后，奉行"不抵抗主义"的蒋介石，将东北三省拱手让给了日本侵略者。然而这并没能满足日本侵略者吞并中国的欲望。侵略者在占领东北后，接着就将它的魔爪伸向了华北。

1933 年 5 月，侵略者通过与国民党政府签订的"塘沽协定"，使它占领东北合法化，并使蒋介石敞开了华北的大门。1935 年，侵略者又采取了武力压迫的方法，迫使国民党政府于 6 月签订了"何梅协定"，国民党全部答应了侵略者的要求。结果国民党政府的河北省主席和平津两市市长被撤换了；河北省及平津两市的国民党党部被取消了；国民党在河北的中央军也撤走了。与此同时，国民党政府还答应在全国范围内取缔一切抗日团体及活动。随后，6 月 27 日察哈尔代主席秦德纯又在国民党政府的授权下，与侵略者签订了"秦土协定"。这样一来，日本侵略者通过"何梅协定"及"秦土协定"，夺得了冀察两省的大半主权，并迫使国民党中央势力从河北、平津撤走。

敌人步步紧逼，蒋介石却步步退让，他甚至公然发布命令说："凡以文字、图画或演说为反日宣传者，均处以妨害邦交罪。"蒋介石的媚外立场，早已为侵略者看清。于是日军便进而开始策划华北自治活动。起先是侵略者公然宣称"华北一旦发生自治运动，日本愿意援助"，接着于 10 月指使汉奸在香河暴动，占领了县城。一个月后，汉奸殷汝耕在京东的通州打出"冀东防共自治政府"的招牌，并宣布脱离国民党政府。12 月，蒋介石又指使宋哲元筹备"冀察政务委员会"，准备将华北像东北一样拱手交给日本侵略者。

此时的华北真是人祸天灾四起，日本兵到处横行骚扰，夏秋之际，洪水又泛滥成灾，大批灾民无家可归，局势变得越来越严峻，华北危机已经到了极点。

爱国的青年学生深深地感到，"华北之大，已经安放不下一张平静的书桌了"。

当时的北平也和整个华北的状况一样，古城内日本浪人为非作歹，大街小巷灾民成群。为解救灾民的疾苦，中共北平地下党组织决定发起赈灾运动。爱国的青年学生组成了"黄河水灾赈济会"，地下党员和爱国学生竭尽全力为灾民进行募捐。通过救灾运动，党组织广泛地团结了群众。在此基础上，11月初，党领导下的"北平市大中学生联合会"宣布成立。共青团员郭明秋任执行主席，中共党员姚依林任秘书，彭涛、黄敬等党员也担任了领导职务。

学联成立后便积极地投入了抗日救亡宣传活动，如办墙报、印传单等。通过宣传，广大爱国学生得知了中国共产党《为抗日救国告全体同胞书》的内容。共产党向全国人民发出的团结起来，停止内战，一致抗日，打倒日本侵略者的响亮号召，得到了爱国学生的广泛赞同和拥护。于是学联的领导经过多次反复研究，并通过召开代表大会，决定12月9日，举行抗日救国请愿活动。

12月9日这天，北平上空阴云密布，凛冽的寒风呼啸不停。事先得到密报的军警，已经在全市内外的许多学校周围布置了岗哨和暗探。按照学联的安排，城里的中国大学和东北大学是这次请愿的领头学校，可是9日这天清晨，两校的大门都被军警堵住了。面对这种情况，中国大学的学生不顾一切跳出了学校的围墙，经过辟才胡同，进入西单北大街，然后奔向新华门，在沿途的行进中，他们又按计划联络和接应了师大女附中等一些学校的学生。东北大学的学生，这天是抱着打回老家去、消灭侵略者的强烈愿望参加请愿的。当他们冲出校门，来到新街口附近时发现那里的军警已经布置了封锁线，于是便从北沟沿转弯到了西四，途中又会合了越过学校围墙参加请愿的北京大学法学院学生。到西四后，见二三百名军警已将向南的路堵住了，便相互挽着手臂，高声喊着"打倒日本帝国主义！""中国人不打中国人！"向军警冲去。尽管反动军警挥起棍棒，抡起刀背向学生们乱打乱砍，但不畏强暴的学生，最后终于在"冲呀！""冲呀！"的喊声中，突破了军警的封锁线来到了新华门。接着师范大学、女一中、艺文中学、镜湖中学、东北中山中学的学生也冲破军警的重重阻拦而陆续赶到了新华门。

这时，城外的清华和燕京两校学生却被军警阻止于西直门外。当时西直门城门紧闭，城墙上下军警林立，荷枪实弹如临大敌。爱国的学生在寒风凛冽中和军警几经交涉，都没有获准进城。于是学生齐声高喊："打倒日本帝国主义！""争取爱国自由！"等口号，并向过路行人散发传单。

学生们之所以要到新华门去，是因为南京政府驻北平的军政最高官员何应钦的行辕就设在那里。当城里请愿的学生齐聚新华门时，那里已是一片杀气腾腾的景象了。全副武装的军警一排排站立在紧闭的新华门前，摩托车上的机枪枪口正对准着学生。此情此景怎不激起广大爱国学生的愤怒，于是他们一面高呼

"反对华北自治!""反对内战,一致抗日!"等口号;一面派代表进入新华门,要求面见何应钦。然而何应钦早已溜出了城。学生提出的抗日救国 6 项要求也被断然拒绝。这时学生代表毅然决定,改请愿为游行示威,并确定了从新华门西行经西单、西四、沙滩、王府井直到天安门的路线。

游行队伍出发了,爱国学生边走边高呼抗日救亡口号,并向路边市民群众宣传抗日救亡道理。途中又有不少学生加入了游行行列。游行队伍走到王府井大街南口,大批的军队、警察和消防队挡住了去路。学生们毫不畏惧,依然高呼口号,挺胸阔步向前走去。一个军警头目手中拿着枪狂叫:"不准通过,谁敢往前冲就开枪!"学生们无所畏惧地冲了过去。这时穷凶极恶的军警开始用高压水龙向学生猛射。冲在前列的学生全身都被浇湿了,突然一个女生被水龙击倒在地,这时只见一位外国女记者冲上前去将她救起,后来才知道,这位女记者就是斯诺夫人。她和丈夫及几位有正义感的外国记者,从游行一开始就和学生们在一起。反动军警不单用水龙而且还用木棍、刀背来对付手无寸铁的学生,许多学生被打伤了,淋漓的鲜血和水龙中射出的水混在了一起,但见他们的头上、脸上、手上、脚上都结了一层薄薄的血冰。游行队伍终于被军警打散了。但热血沸腾的学生又很快在北京大学三院集中了,并一致决定从 10 号起全市总罢课。这天城外的学生虽然没能进城,但他们在城外也举行了游行示威。

12月16日,是"冀察政务委员会"准备挂牌成立的日子,学联在中国共产党的领导下,决定在这天再次发动游行示威予以反对。是日清晨,城里的学生再次冲出了校园,来到了约定的地点天桥。清华大学、燕京大学两校学生用身体撞开了西便门,也直奔天桥而来。中午时分,从四面八方突破军警封锁的学生们汇聚在天桥广场。2万多市民也赶到了这里,和学生一起举行市民大会。在一片抗日救亡口号声中,市民大会隆重开始。大会通过了反对成立"冀察政务委员会",要求停止内战等决议。会后进行了声势浩大的游行示威,沿途广大市民热情为游行队伍送水和食品,学生则高呼救亡口号,散发传单,张贴标语。傍晚,当学生们开始返校途经宣武门时,事先埋伏在那里的军警,突然用皮鞭、木棍向学生们袭来,一大批学生倒在血泊之中。据事后统计,受伤学生达400多人,有二三十人被军警捕去。

"一二九"和"一二一六"颇有燎原之势的学生游行示威,震撼了北平全城,也震撼了全国。它唤起了不愿做奴隶的人们去和侵略者进行斗争,同时它也使反动当局惊恐万状,"冀察政务委员会"不得不延期成立。

5 古城迎春

1948年下半年,蒋介石发动的反人民内战,在各个战场上节节失利。形势已使广大群众心中明白:蒋介石国民党政府的彻底垮台已是指日可待。

这年的冬天，北平显得分外寒冷，房子的滴水瓦下都结了长长的冰。11月，当辽沈战役结束，东北全境解放后，北平的形势就更加紧张了起来。当时，大街小巷处处可以见到国民党散兵的身影，物价的飞涨，货币的贬值，简直到了惊人的地步。权贵巨富们在抢购黄金美钞后，纷纷乘机南去，贫困的市民百姓因缺粮缺柴而叫苦不迭。然而更使他们提心吊胆的，是怕被国民党抓去做苦工或壮丁。

正当北平的大众百姓企望早日脱离苦海的时候，几十万人民的军队，于12月14日奇迹般地包围了北平城。

人民解放军在解放了北平四郊后，并没有立即攻城。这是因为毛泽东和中共中央高瞻远瞩，考虑要尽可能地争取傅作义，认为傅作义虽然追随蒋介石打内战，但他还是位有民族正义感的抗日将领，同蒋介石集团是有区别的；争取傅作义，并以和平的方式解决北平问题，不但能使上千年的文化古城免于战火，更能使200万居民的生命和财产得以保全，故而作出了"围而不攻"的英明决定。

当时镇守北平的傅作义，在1946年蒋介石发动反人民的内战后，曾执行了蒋介石的"戡乱"命令，占据了华北许多名城重镇和乡村，为蒋介石打内战反人民出了不小的力。但他终归不是蒋介石的嫡系，虽然他被任命为华北"剿总"司令，但他在华北却仍难指挥这里的中央军，而且蒋介石的特务还时时监视他的一举一动。

早在一年前的 11 月初，傅作义参加蒋介石在南京召开的最高军事会议时，就亲眼见到了南京人心惶惶，政府在做逃往台湾准备的情景，而且也意识到蒋要他放弃华北，实际上是"调虎离山"之计。所以他当时既没有接受蒋介石要他南撤的要求，也没有接受华东南军政长官的任命。

从南京回到北平后，傅作义一方面下令 10 日内承德、保定、山海关、秦皇岛等地守军集中于平津塘一线，实施重点固守的姿态；另一方面因与蒋介石的矛盾日益加深，看到蒋的失败已成定局，也开始另谋出路。

自 1948 年初，北平的中共地下党组织在中共中央的指示下，就开始做争取傅作义的工作，派出数名地下党员直接与他接近，其中包括他的女儿傅冬菊。傅作义在去南京开最高军事会议前，就曾闪现过通电在华北起义的念头，因此南京军事会议后，他通过自己的朋友与中共中央联系，并让傅冬菊通过中共北平地下电台给毛泽东拍发了一份电报，正式表明了自己的想法。当时中央军委和毛泽东认为傅的想法不切合实际，华北 60 万国民党军队大部分是中央军，傅的部队只有 20 万人，武装起义是无法实现的。但表示若傅派正式代表，中共是欢迎与之谈判的。

12 月上旬，平津战役打响。傅作义鉴于华北局势迅速变化，便派代表与中共正式进行首次谈判。但由于傅作义并未向他的代表作谈判的具体交代和授予应有的权力，因此这一轮谈判未能解决实质问题。

12月14日人民解放军包围北平，22日傅部的主力第三十五军被歼，傅作义西去绥远的打算成为泡影，他固守平津的决心开始动摇。此时中国共产党虽然以权威人士的名义发表了包括傅作义在内的43名战犯名单，但仍给他留有赎罪的机会，明示他只要能对解放平津作出贡献，他的战犯之罪是可以得到赦免的。此时，北平城内广大群众要求和平解决平津问题的呼声也在日益高涨。迫于这种形势，傅作义又于1949年1月6日派少将周北峰和教授张东荪为代表，与解放军进行了第二次谈判。经过几日的谈判，双方草签了会谈纪要，主要内容有：傅之所辖地区一律解放区化，所有傅部军队一律解放军化，对傅部的起义人员一律既往不咎，所俘傅部人员一律释放，傅部的高级干部人员一律给予适当的安排等。双方并讨论了如何用整编的方式将傅的部队改编为人民解放军等问题。

傅作义的代表回到北平后，傅想到他几十年苦心经营起来的军队及地盘马上就要失去，一时内心难以接受。他时时发脾气咬火柴头，在屋里踱来踱去，情绪焦躁不安。针对这一情况，其女儿傅冬菊及爱国人士刘厚同，对他进行了耐心地说服和启发工作，最后终于使他下了投向人民的决心。

1月14日，傅作义派华北"剿总"副司令邓宝珊及周北峰来到京东通县，同解放军进行第三次谈判。当天正是解放军进攻天津之日。从上午10时开始至次日下午3时，解放军仅用了29个小时，便将这座被吹嘘为"堡垒化"和"固若金汤"的大天津解放了，活捉了守备司令陈长捷，全歼守军 13 万人。天津的解放使得北平更加孤立了。国民党守军真是"欲战不能，欲守不得，欲逃无路"。在这种形势下，15 日下午，傅的代表终于在《北平和平解放初步协议》上签了字。协议的主要内容包括北平傅的部队改编原则和具体办法；对傅的华北总部和部队中团级以上人员之安排，北平的文教、卫生等行政单位之接收办法。

还需要提到的是，当北平各界要求和平解决北平问题的呼声日益高涨，国民党要员纷纷逃离北平之时，原北平市长何思源却毅然回到了这座古城。他说："我在这里当过市长，决不能坐视 200 万市民的生命财产和文化古都的历史文物遭受炮火的毁灭，所以赶回来发起和平运动。"

何思源的到来使北平民众深感鼓舞，但同时也引起了蒋介石特务们对他的仇恨。当何思源准备作为"华北各界和平促进会"代表出城去和解放军接洽时，特务居然在他家安放了定时炸弹，结果造成全家 6 口人中 1 人身亡、5 人受伤的惨剧。但何思源没有过多考虑家庭的不幸和自己的伤痛，于 1 月 18 日率代表团出城，向解放军表达了北平人民的和平愿望。代表团到解放军驻地时，受到了解放军领导的热情欢迎和接待。日后《人民日报》发表社论，称赞何思源"代表了真正的民意"。

1 月 22 日，傅作义发表文告，宣布接受人民解放军平津前线司令部关于和平解放北平各条款，并向北平的国民党部队发出了《关于全部守城部队开出城外听候改编的通告》。国民党北平市长刘瑶章也召集市府成员，传达了与解放军签订的协议内容，要求全体人员遵照协议保护好财物、文件、档案等准备移交。

1月31日，是解放军与傅作义的部队交接防务的日子。这天清晨，当身着灰色棉军装，头戴灰布棉帽，左臂上方戴有"平警"字样标志的解放军，迈着整齐步伐走进西直门时，聚集在道路两旁的学生、工人、居民群众手举小彩旗，不停地高呼"欢迎解放军进城！""北平得到了真正的和平！""庆祝北平解放！"活泼热情的女学生还兴高采烈地扭起了大秧歌。解放军所到之处，一片欢腾。

2月3日，这是古城北京历史上具有重要意义的一个日子。人民解放军在这天举行了正式入城式，以叶剑英主任委员为首的北平联合办事处全体委员，以及林彪、罗荣桓、聂荣臻、刘亚楼、刘仁等党政军领导登上前门箭楼，检阅了入城部队。英雄的人民解放军精神抖擞地通过前门和北平的主要街道。人民欢腾了，严冬逝去了，春日到来了。从此古城北京获得了新生。

二 翰墨书香

京城报纸

中国古代由官方经办的报纸，历史悠久，可以追溯到汉朝（一说唐代）。北京的报纸，则始于明代，当时称为"邸报"。这种报纸的内容乃是朝廷政令，都中近事，属于中央政府公报性质。由于它只在政府机构内部流通，一般百姓是不易见到的。明代之邸报为清代所继承，时称"邸钞"。

在北京，为官方所准许，由民间所经营的《京报》出现于明朝末年，清代时得到了较大的发展。《京报》实际上为邸钞的翻版。它是由民间设立的"报房"出版发行的。当时京城的报房有 10 家左右。它们采用落后的手工印刷技术，用竹纸或毛太纸印制。一般用黄纸作封面，上印红色的《京报》和"某报房"字样。但亦有用白纸作封面的。《京报》内容，大致有三部分，即"宫行钞"、"上谕"和"奏折"。该报每日出版，由送报人直接送至订户之家或零售。送报人有自己的组织，称之为"公会"。京城过去曾有个传说讲，咸丰年间，中秋节时，卖兔儿爷的摊子上，摆放着一种身背布袋的泥兔儿爷，布袋上写着《京报》字样。送报人见后非常愤怒，他们向自己的公会作了报告，并相约在一天之内捣毁所有出售泥兔儿爷的摊子。据说从此以后，就再无人敢捏侮辱送报人形象的兔儿爷了。

《京报》尽管作为中央政府公报性质的报纸，但它并非完全由官府包揽，而是由私人经营的出版机构报房所印刷和出售。就这点而言，它实际已在向近代报纸过渡了。

北京最早的近代中文报纸为《中西见闻录》。它是由外国传教士于1872年8月创办的，开始时为月刊。该报除报道世界新闻外，还刊登有关天文、地理、科学技术等方面的知识。

由中国人自己办的近代中文报纸，首推《万国公报》。该报于1895年8月，由维新派组织强学会集资刊印发行。其主要负责和撰稿人为梁启超。该报竭力宣传变法维新主张，政治色彩非常浓厚。后曾更名为《中外纪闻》，每日发行，其数量日达3000份左右。然该报仅发行5个月，就被清政府扼杀了。

20世纪初，八国联军的入侵和《辛丑条约》的签订，不仅给广大的中国民众带来了深重的灾难，同时，也使以慈禧为首的清廷受到了沉重的打击，使清廷"不能不议改革，以涂饰人民之耳目"。出于欺骗人民和抵制爱国革命宣传的需要，清政府于1907年创办了《政治官报》，日出一份，刊登内容有：谕旨、奏折、咨笧、规章、条约、报告、外事、广告、杂录等项。在清政府办官报的同时，北京也出现了不少由民众办的报纸。其中比较知名的有：1901 年由黄中慧任主编的白话《京话报》。1904 年由彭翼仲任社长的《京话日报》，该报每日出版 1 张，全用北京话，通俗易懂，虽然它不遗余力鼓吹君主立宪，但能大胆揭露列强虐待华工事实，颇具爱国思想。1905 年，北京出版了全国第一家妇女报纸——《北京女报》，社长为张展云。1907 年，由汪康年夫妇创办的《京报》，以抨击清政府而受到读者欢迎，但正因为此，数月后即被清政府查封停办。1909 年，《国民公报》于北京创刊，社长为文实权，每日出版。该报主张效法日、俄两国，在中国实行君主立宪。同年，由同盟会会员陆鸿逵在琉璃厂创办的《帝国日报》出版发行。该报报名所以加"帝国"二字，乃是为了掩护其革命主张。

辛亥革命前，在北京除了上述几种报纸外，还有《刍言报》、《白话学报》、《公益报》、《正宗爱国报》、《国风报》、《进化报》、《大同报》、《宪报》等多种报纸发行。此外，值得一提的是，在北京立足近 30 年的一家外国人办的《顺天时报》亦在此时期创办。这家报纸完全是为日本统治者服务的，因此当时中国百姓称它为"逆天时报"。

清王朝被推翻后，由于南京临时政府颁布的《临时约法》中规定"人民有言论著作刊行之自由"，因此"一时报纸风起云涌，蔚为大观"。作为全国政治中心的北京，当时发行的报纸达百种，占全国发行报纸总量的 1/5。

辛亥革命后至 1928 年前，北京发行的报纸主要有《共和报》、《亚东新报》、《民主报》、《中央新闻》、《天民报》、《群强报》、《晨报》、《京报》、《社会日报》、《世界日报》、《新民报》等。

在这些报纸中，影响甚大、足堪称道的要数《晨报》。该报前身为《晨钟报》，创办于 1916 年秋，后因触怒北洋政府而被查封，1918 年底复刊更名为《晨报》。这家报纸由于倡导白话文及西方科学与思想，同时又有李大钊、胡适等新文化运动主将的参加而名声大振。当时李大钊曾任副刊主编，瞿秋白为特派记者，并赴苏俄采访。该报经常发表宣传马列主义及苏俄十月革命的文章。其发行量达万份以上，成为北京各报中规模最大、发行最广的报纸。当时不少人尤其是文教界人士，每天上午都抢看《晨报》，下午则抢看天津出版的《大公报》。

除《晨报》外，值得一述的尚有活跃在中国早期报界的两位斗士，以及他们所创办的《京报》和《社会日报》。

《京报》创办人邵飘萍，真可谓是报界一位"挥毫似剑伐魑魅"、"喋血如丹荐轩辕"的风云人物。还在民国初年，他就以大胆揭露袁世凯的狼子野心而著称于世。以后被《申报》聘为驻京特派员，通过《北京特别通讯》对段祺瑞为首的北洋军阀的种种丑行进行了及时而详尽的揭露。1918 年 10 月，邵飘萍在北京创办《京报》，大力宣传和推动新文化运动。由于他积极参加五四爱国运动，将曹汝霖、章宗祥、陆宗舆的卖国罪行公诸报端，《京报》遭到了段祺瑞政府的查禁。在此期间，邵飘萍还于 1918 年 7 月创办了新闻编辑社。这是由中国人自己办的第一家通讯社。

1920 年直皖战争爆发，皖系遭到失败，《京报》得以复刊。复刊后，邵飘萍在特刊号上，刊出当时民众恨之入骨的各派军阀头子照片，并分别加以题字，如"奉民公敌张作霖"、"直民公敌李景林"、"鲁民公敌张宗昌"等，影响极大。

1926 年，北洋军阀政府悍然下令，向游行的手无寸铁的学生开枪，一手制造了三一八惨案。《京报》鲜明地站在爱国学生一边，先后发表了鲁迅写的《可惨与可笑》、《大衍发微》等文章。同时，邵飘萍自己也挥笔写了《世界空前惨案——不要得意，不要大意》等评论文章，对军阀政府残酷镇压学生运动的罪行进行了有力的揭露和无情的鞭笞。邵飘萍不仅以笔为武器，还亲自出席北京学生悼念三一八殉难烈士集会，发表演说，号召学生和广大民众继承殉难烈士遗志，勇敢起来打倒军阀政府。

邵飘萍以《京报》为阵地，对北洋军阀口诛笔伐，使得军阀恼羞成怒，必欲置之死地而后快。不久，奉系军阀控制了北京，下令封闭《京报》馆并通缉邵飘萍。不少朋友劝他离京躲避，但他仍坚持战斗。1926 年 4 月 24 日终被奉军诱捕，26 日被杀害。时年仅 40 岁。

《社会日报》的创办人林白水，和邵飘萍一样，也是位刚直不阿的报界斗士。他为人光明磊落，思想进步，早年就参加了反清革命，深为孙中山、廖仲恺等人所器重。1921年，他在北京创办《社会日报》。由于他文思敏捷，"嬉笑怒骂皆文章"，更因为该报坚持"为社会留此公共言论机关，为平民作一发抒意见代表，触忌讳，冒艰险，所不敢辞"的精神，不向军阀政府及黑暗势力俯首低头，所以深得广大民众的喜爱。1926年8月6日，林白水在《社会日报》上，以《官僚之运气》为题发表文章，怒骂张宗昌的走狗潘复。当夜林就被军阀军队逮捕，次日天未亮即惨遭杀害。《社会日报》也随之被查封。

1928年以后，北京又出现过不少报纸，如《实报》、《华北日报》、《北平日报》，以及由中国共产党创办的存在时间不长的《解放报》。在北平沦陷前，其影响较大的为《实报》。该报创刊于1928年。它虽为小报（老北京亦称其为"小实报"），但其所刊新闻、消息以新、实、快见长，因此颇受读者欢迎。而其副刊更是内容丰富多彩，包括有写人情世态的"谈话"；写各层市民生活的"打油诗"，以及掌故、轶闻、小说、戏剧、漫话等，真可说是包罗万象。因此其发行量创下了17万份的记录。

新式学堂

在清代，北京设有国子学、八旗官学、宗学、府学、县学、书院以及私塾、义学等。但这些学校还不是近代意义上的新式学堂，而属于旧式的学校。

1862年，伴随着洋务运动兴起而在北京出现了一所新式学堂——"京师同文馆"。该馆起初专为培养翻译人员而设，附属于总理各国事务衙门，由太仆寺卿徐继畬任总管大臣，聘英人包尔腾为教师。1869年，美人传教士丁韪良担任总教习，任职近30年之久。同文馆开办时，仅从八旗子弟中选了10名学生专修英文，后随着学生的增多，相继开办法文、俄文、德文和日文班。与此同时，又开设天文、算学等自然科学课程，实际上它已成了一所培养外国语和自然科学人才的专门学校。

自同文馆在京兴办以后，新式学堂便陆续在北京出现了。在这批新式学堂中，有些属于高等学府。成立于1898年的京师大学堂即是北京的第一所大学，也是中国近代最早的一所大学。它的诞生可以说是戊戌变法运动的产物，因为在光绪戊戌变法的诏令中，就有立京师大学堂的内容，并命孙家鼐为管学大臣，拨地安门内马神庙和嘉公主旧第为临时校舍。戊戌变法失败后，新政罢废，惟京师大学堂保留下来。不过当时学堂规模甚小，学生不足百人，教室不足百间。1900年继任管学大臣许景澄，以谏请朝廷勿信义和团而被杀，学堂随之停办。

1902年学堂得到恢复，张百熙被任命为管学大臣。是年同文馆并入京师大学堂。这时大学堂设预备、速成二科。预备又分政、艺两科，速成分仕学、师范二馆。1909年3月，改预备科为高等学堂。5月，筹办分科。时至 1910 年，大学堂的经、文、法、格致、农、工、商等科均已开设。

1912 年 2 月，民国政府任命严复为京师大学堂总监督，接管大学堂事务。5 月京师大学堂更名为北京大学，并冠以国立二字。1916 年底蔡元培继任校长。蔡思想开放，新旧兼容，先后聘请了一批学有专长且具有先进思想的教授、学者，如陈独秀、李大钊、胡适等人，同时也保留了像辜鸿铭这样忠于清室的老夫子。学校还进行了不少改革，如采取选科制，增设史学门、地质学门、评议教务处等。1918 年北京大学新校舍落成，这就是屹立在沙滩的红楼。

早年的北京大学是培养学术专门人才的学府。为了使学生在校期间能掌握好所学的专业知识，在入本科深造之前需上预科 2 年。本科学习年限为 4 年，录取标准甚严。如考取文科的本科生，国文除要求能做出一篇词句通达优美、文意切题的作文外，还要详知中国数十年来学术思想源流及文学史概要。其外文程度需达到能直接听外文讲课，并能阅读外文图书。理科本科生除对理科要求相当严格外，国文及外文需能做简短通顺无误的文章方可录取。

京师大学堂原附设一师范馆，1909 年清政府规定师范教育在学制上应自成一系，独立设校，于是在南新华街路西五城学堂处，以师范馆为基础成立了京师优级师范学堂。学堂成立之初，规模不大，学生不过百余人，教职员不足 20 人。学制为 3 年，学习科目分4 类：第一类为国文、外国语；第二类为历史、地理；

第三类为算学、物理、化学；第四类为动物、植物、矿物和生理。辛亥革命后，优级师范学堂改称高等师范学校。从此时开始，陆续扩充了校舍。在学制上设预科、本科、研究科，规定预科1年，本科3年，研究科1～2年。同时设附属中学及小学，作为学生实习之所。经过多年的筹备、扩充，1923年高等师范学校正式改名为师范大学，由著名教育家范静生担任校长。

京师女子师范学堂，1909年由清御史黄瑞麟奏请而设立。它不仅是北京也是全国最早的一所女子公办高等师范学堂。辛亥革命后，改称为北京女子师范学校。随着女子中等教育的发展，女师资日感缺乏，所以不久该校又相继改称为女子高等师范学校、女子师范大学。该校设有教育系、国文系、外国文系、历史地理系，学制4年。1931年与北京师范大学合并。

清华大学，原称"清华学堂"，是清政府利用美国"退还"的部分庚子赔款创办的。1909年6月，清政府根据美国的意愿在北京设立游美学务处，招收赴美留学生。8月，经外交部、学部奏准，由内务府将清华园拨予游美学务处，作为游美肄业馆的馆址。1911年2月肄业馆更名为清华学堂，3月底正式开学。民国成立后，1912年10月，清华学堂又改名清华学校。而其性质则始终为留美预备学校，直到1925年5月，才正式成立了大学部，招收4年制大学生。1928年定名国立清华大学。设文、理、法三院。

距京十几里路的清华大学校园，原本是清皇室园林，毗邻圆明园，农田、垂柳、小溪近在咫尺，青山举目可望。幽雅清静的校园是学子们奋发读书的理想之所。早年清华大学不设预科，学生一进校即分系就读，并采取学分制，规定修业 4 年内获 12 个学分即可毕业。其所学课程分必修科与选修科。必修科为任何系学生都得学习的课程，如国文、英文、体育等。选修科则因系而异。

燕京大学，由华北教会所创立的学校合并而成。早在 1888 年，华北教会的一派"美以美会"就将其所创办的中小学校合并而为"汇文学校"，并增设了大学部。次年华北教会的另外三派，"伦敦会"、"公理会"、"长老会"也将它们在华北所创办的学校合并为"协和大学"（今北京潞河中学校址）。1919 年华北教会各派协议将所办学校合并为燕京大学。次年教会办的坐落于灯市口佟府夹道的协和女子大学校并入，使燕京大学成为男女生合校的学校。初建于盔甲厂，后移建于京西海淀。

燕京大学分设专修科、本科和研究院。专修科学制 2 年，分文学院、自然科学院、应用社会科学院，各院均有专修课程；本科学制 4 年，所设学院与专修科相同，每院又设有数个系。研究院，学制 2 年，毕业合格者可获硕士学位。早年燕京大学的教授多半为外国人，尤其是美国人。司徒雷登曾任过该校的校长。

中国大学，原由孙中山、宋教仁、黄兴等人创办，初名民国公学。宋教仁、黄兴均任过校长。1917 年更名为中国大学。校址在大木仓胡同。这里原是清代郑亲王府，第一代郑亲王为努尔哈赤之侄，因其战功卓著被封为八个"铁帽子王"之一。

该校设大学部和专门部。大学部包括本科与预科。本科中的法科和文科修 4 年，商科修 3 年，预科全部修 3 年。专门部中本科学制为 3 年，预科为 1 年。中国大学在私立大学中，是一个规模较大、学生人数较多的大学。

民国大学，为蔡公时于 1916 年创办，第一任校长为马君武，以后蔡元培、张学良等人均做过该校校长。校址在太平湖。学校分为 4 部，即大学部、专门部、专修部和县治育才部。大学部包括预科和本科，预科学制 2 年，本科学制 4 年。设中文、政治、英文、经济、法律等系。专门部，预科 1 年，本科 3 年，设法律和政治经济两系。专修部仅有体育和教育两科，学制 2 年。县治育才部学制 1 年。

除上述高等学府外，北京还有不少新式高等学府，如从京师大学堂分离后成立的北京大学法学院、北京大学农学院、北京大学医学院。还有成立于 1903 年的警务学堂，1904 年的高等实业学堂，1908 年的税务专门学校，1913 年有志于教育的人士集资创办的朝阳大学，1920 年中法民间合作建立的中法大学。基督教会办的汇文大学，天主教会办的辅仁大学等。

北京早期设立的新式中等专业学校，有坐落在西安门大街的新华商业专门学校，它以造就商业、铁路和银行各方面的人才为目标，学习年限因专业不同而异，商业科 3 年，铁路科 1 年，银行科仅半年。北京师范学校，位于西城祖家街西口外，是北京最早培养小学师资的中等师范学校，凡具有高小文化水平者，均可通过考试被录取为该校预科学生，1 年修业期满，升入本科再学习 4 年，成绩合格者，发给毕业证书。农业学校，设本科及预科。高小毕业生通过考试，入预科学习 1 年，再转入本科学习。在 3 年的本科学习期间，要学习土壤、肥料、作物、园艺、农产制造、畜产、养蚕、病虫害、气象、农业经济等 10 多种专业知识。这所坐落于后库的农业学校，曾培养出不少中国早期的农业专门人才。

北京的新式中小学，早在 1864 年，基督教公理会就设立了"育英学堂"，1865 年基督教长老会又创办了"崇实馆"。至于京郊较早的新式学堂，应推 1868年基督教公理会于通州创立的"男童寄宿学校"。北京官办的新式中学，在 1898 年曾有过酝酿，但直到 1901年才正式开办了五城中学堂。据 1909 年的统计，北京城内共有中学 22 所，学生人数为 1500 人；小学 239所，学生人数为 8900 人。截至 1917 年，北京城内的新式中学共 28 所，其中公立 8 所，私立 7 所，教会经办的 13 所。至于小学，也较 1909 年增多。

民国初年，北京公私立中学均实行 4 年制。1922年开始实行三三制，即初级中学 3 年，高级中学 3 年。所开课程一般为修身、国文、英语、历史、地理、数学、博物、物理、化学、法制经济、图画、手工、乐歌、体操。女子中学则增加家事、园艺、缝纫等课程。小学的四二学制是 1923 年确立的，即初小 4 年，高小

2 年。其课程一般为修身、国文、算术、手工、图画、唱歌、体操。女学生加缝纫课。至于教会所办中小学课程，国家并不作统一规定。

 ## 3　图书馆与博物馆

在北京近代的公共事业中，对于保存和传播文化知识有着直接关系的图书馆和博物馆是值得一叙的。

近代意义上的图书馆是藏书以供民众阅览之场所。就北京来讲，这种性质的图书馆，最早出现于清朝末年，那就是著名的京师图书馆。它成立于宣统二年（1910），缪荃孙和徐坊为正副监督。最初地址在北城鸭儿胡同的广化寺。当时馆内的图书主要来自国子监南学、内阁大库等处藏书。民国成立后，为便于民众阅览，曾于 1913 年设分馆于宣武门外青厂。此后，馆址又曾迁至方家胡同原国子监南学处。1928 年易名为国立北京图书馆。1929 年迁馆址于中海居仁堂，后与北平北海图书馆合并，定名为国立北平图书馆，由蔡元培任馆长。1931 年 6 月迁至文津街新馆。抗战前，馆藏中文图书 50 万册，外文图书 32 万册，珍本书 3 万册，文津阁四库全书 3.6 万册，唐人写经 8000 多卷，地图万幅。抗日战争爆发后，该馆珍本、善本图书进行了转移。1949 年前馆藏图书达 140 万册。新中国成立后，更名为北京图书馆。

北京以纪念名人而设立的图书馆，首推松坡图书馆。它是为纪念蔡锷（字松坡）而设立的，1918 年始创于上海，1922 年迁至北京。次年正式成立，共有两处，其一在北海公园快雪堂，为第一馆，藏中文图书3.6 万余册；第二馆在西城石虎胡同，藏外文图书1.5万册。1928 年二馆合并于快雪堂，后又与北平图书馆合并。

今天坐落于东城国子监街国子监内的首都图书馆，其前身称京师第一普通图书馆。它是 1927 年由京师第一、二普通图书馆合并而成。1928 年，更名为北平市立第一普通图书馆。当时馆址设在宣武门内头发胡同，原清代翰林讲习馆旧址处。所藏图书主要为原京师第一、二普通图书馆藏书，以大众通俗读物和小说为多，共 4.5 万余册。抗日战争胜利后，更名为北平市立图书馆。新中国成立后定名为首都图书馆。

1924 年，冯玉祥发动北京政变后，清末代皇帝溥仪被赶出皇宫，次年 10 月，故宫博物院成立。与此同时也成立了故宫博物院图书馆。它以寿安宫为馆址。内设善本、满文以及经、史、子、集等书库。第一任馆长为陈垣。1927 年对外开放。1935 年，为方便民众阅览，曾于天安门东的太庙设立分馆，每日开放。同时，为鼓励阅览，读者可免费得到进入太庙的门票 1 张。

在北京往日的图书馆中，高等学府的图书馆亦占有重要一席。特别是北京大学图书馆、清华大学图书馆以及北京师范大学图书馆，不仅具有一定规模，而且馆藏图书甚丰。如北京大学图书馆到 1949 年时藏书达 70 多万册，北京师范大学藏书达 32 万册；清华大学图书馆在抗战前藏书即达 23 万册。另外，因其设于学子集中之地，图书利用率甚高，图书阅览室几乎是天天座无虚席。

除以上图书馆外，北京还有以收藏宗教图书知名的慈航图书馆、北堂图书馆以及专业性的图书馆，如收藏戏曲音乐资料图书的国剧学会图书馆等。

同图书馆一样，博物馆于民众教育亦颇为有益。著名教育家蔡元培就称它"足以增进普通人之智慧，而所费亦皆不甚巨"。1912年，在北京国子监筹建的历史博物馆是北京第一座同时也是全国第一座公立博物馆。该馆也是今天中国历史博物馆的前身。这座博物馆筹建时，蔡元培正任教育总长。当时他把社会教育提到了重要的地位，并努力付诸实践。鲁迅也就在那时被提升为社会教育司第二科科长。该科具体负责博物馆、图书馆及文物的整理保护工作。为筹建历史博物馆，鲁迅亲自察看了国子监，并在司长同意后，在该处成立了国立历史博物馆筹备处，委派胡玉缙为主任。鲁迅还征集和捐赠了一些文物。这座博物馆自筹备至开放前后经10余年时间。1918年迁至故宫，辟午门城楼及两侧城阙为展室。1926年10月向社会开放。开放时，其馆藏展品为215177件，分为26类。设有明清档案、金玉、刻石、教育博品、明器、模制器物、针灸铜人、杂器、兵刑器、发掘物、模型图表、国际纪念品等多个陈列室。其中著名珍贵藏品有唐人写经、宋版古籍、历代诏令、三代铜器、甲骨文字、名贵古瓷等。该馆还出版了《国立历史博物馆丛刊》。1930年，该馆改属中央研究院，更名为"国立中央研究院北平历史博物馆"。

国立历史博物馆筹备处设立之后，民国政府决定将奉天（沈阳）、热河承德两个前清行宫所藏文物集中北京。1914 年 10 月，两处行宫物品运抵北京，其中文物总计 23 万余件。以故宫外廷武英殿、文华殿等作为古物陈列所的展室，以新建于武英殿侧的宝蕴楼为文物库房。当月，古物陈列所正式对外开放。1931 年九一八事变后，陈列所展品大部分南运上海。抗战胜利后，1947 年古物陈列所与故宫博物院合并。

谈到故宫博物院，这座恢宏的建筑和艺术宝库，不仅是中国悠久文化的象征，也是世界文化精华的重要组成部分。它于 1925 年 10 月 10 日正式宣告成立，其任务为"掌管故宫及所属各处之建筑物、古物、图书、档案之保管，开放及传布事宜"。该院设临时董事会及临时理事会，公推李石曾为理事长。1927 年正式对外开放，设有中路与内东路、中路与外西路、外东路、内西路 4 条参观路线。当时实际每日仅开放一路让游人参观，票价为银圆 5 角。

上述 3 个较大博物馆是以历史文物为主要展品的博物馆。属于这一性质的博物馆还有坐落在绒线胡同的国剧陈列馆，设于中海怀仁堂的艺术陈列所，文津街北京图书馆内的梁任公纪念堂，以及利用沙滩松公府部分房舍开办的北京大学研究院文史门陈列室、燕京大学校内的古物陈列室。

至于以科技为主要内容的博物馆，较早的有 1913 年建立的北京铁道学院交通博物馆。它是中国创办的首家校办科技博物馆，馆址在府右街，隶属交通部。设有两个陈列室，展品有铁路机械、仪器、机车及从铁路沿线发掘出的文物。所展出的部分展品曾于1915年参加巴拿马国际博览会，并获得6枚奖章。

卫生陈列所，成立于1925年，地点在中央公园（中山公园）内，占用社稷坛西南角的五楹房，其中南北各二楹为陈列室。陈列包括：卫生常识、衣饰卫生、饮食卫生、居住卫生、儿童卫生、胎产卫生、传染病、肺痨病、花柳病、医药、寄生虫等多项。该陈列所对普及卫生常识曾起过积极作用。

地质博物馆成立于1916年，它隶属地质调查所，馆址设在西城兵马司。陈列馆的展品分为地层、矿物岩石、矿产品、考古、土壤等。

天然博物院，原为"农事试验场"，1929年10月改称此名。它占地广阔，参观者在这里不仅可以看到动植物标本，也可见到活生生的动植物。北平沦陷前，该院每年还举行"农产品评会"。

建于1930年的天文博物馆，位于今建国门之南，其前身是建于明朝正统年间的古观象台，清代改称观象台。这里曾存有许多珍贵的古代天文仪器，但到天文博物馆成立时，仅存有赤道经纬仪、天文仪、象限仪等8种供人参观的仪器。

属于经济性质的博物馆，在北京当推国货陈列馆了。该馆1905年建于前门外廊房头条，取名为京师劝工陈列所。1908年迁至广安门大街教子胡同北口对面。该馆坐北朝南，陈列室为二层楼房。全楼上下共分8

区，展出各省物品有：木器、文具、刺绣、瓷器、纺织品、皮货、食品、中药等。1928 年移至前门箭楼展出。

近代北京，除属于历史文物、科技及经济性质的博物馆外，还有一家属于综合性质的博物馆，那就是设在钟鼓楼的京兆通俗教育馆。该馆于 1925 年 10 月中旬建立。在鼓楼（当时称"明耻楼"）上，展出八国联军入侵北京和五卅惨案等有关国耻的实物与模型。楼下有数厅，分别展出鱼类、鸟类、昆虫标本、人体模型以及钱币、陶瓷等文物。此外，还备有各种图书供读者免费阅览。

4　会馆与公寓

在北京，会馆和公寓均是供外省学子来京居住的地方。科举年代，那些进京赶考的举子，来京城后并非马上就考，考了就走，而是要在京城住上一段时间等待考试和发榜。若是考不中，还可能等上 3 年再次入考。虽说那时也有客店和专为举子来京而出租的"状元吉寓"，但并非一般举子都能租得起。于是以同乡为纽带，联络当朝的同乡官宦，发起捐款集资，为同乡举子建造居所便应运而生了。这样便有了会馆。

还在明代，北京就有了会馆。清代科举尤盛，康、乾时期，不仅每次进京应试的举子达万人之多，而且还大量召集鸿儒入京编纂巨篇类书，因此"数十年来，各省争建会馆，甚至大县亦建一馆，以至外城房屋基地，价值昂贵"。会馆之所要建于外城，是因为清入关以后，曾明令内城居住的汉人必须移居外城，内城只准满人居住。而外城所建之会馆，则多集中于宣武门外。那时候，宣武门外的不少胡同和街道上均能见到会馆。如建于宣武门外大街的直隶会馆、烂熳胡同的济南会馆、东小市的山西会馆、虎坊桥的湖广会馆、北半截胡同的江苏会馆。清代江苏籍人考中状元的人最多，如光绪和宣统帝的老师都是江苏人，他们来京应试时，都曾寄宿于江苏会馆。

民国时期北京还留存的会馆，约有400余所。其中不仅包括南、北交通较为发达省份的会馆，而且还包括像云南、贵州、新疆、台湾等边远省份的会馆。

由于会馆是同乡官宦捐款集资兴建起来的，其产权自然就成了某省某府或某县的地方公产。其契约文书交由公举的负责人保管。会馆的经营和管理，名义上是在京的同乡共同负责，实际上是由在京同乡中官居高位的人负责管理。其名称有值年、会长、馆长、董事等。会馆平时的治安、勤杂、传达则交由长班负责，长班乃是会馆雇用的仆役。

北京的会馆规模不一，但无论大小，会馆的正房中均按祠堂格局布置，供奉着同乡知名先人的木牌。这乃是我们民族一向尊崇祖先习俗的表现，大至国家小至家庭都是如此。历代王朝都将祭祖的太庙放在重要的位置；名门望族家中多设祠堂；即使小家小户，也要供奉"神主"牌位，按时焚香上供，以尽晚辈的一片孝敬之心。因此作为地方或区域性的会馆，自不会置先人于不顾。有的会馆则索性以乡祠为名，如"浙绍乡祠"、"中州乡祠"等。

在规模较大的会馆中，常布有假山、池塘、亭榭、花园。如在虎坊桥的浙绍乡祠，馆中院落不仅宽大，而且设有大戏台。《都门竹枝词》中曾这样写道："谨詹帖子印千张，浙绍乡祠禄寿堂。客散归家开发帐，才知原是空头忙。"试想帖子能够印上千张，若无容千人之地，那是根本不可能的。再如安徽会馆，乃是由李鸿章首倡、淮军将领出资兴建的。这座会馆原是孙公园的一部分。这位孙公乃是明末清初的著名史学家孙承泽，崇祯进士，官拜给事中，清朝时做过吏部左侍郎。他建的这座园林府邸，大致是在西琉璃厂街南，今有孙公园胡同，想必因此而得名。园中假山、亭榭、水池错落有致，尤以庭堂建筑知名，如晚红堂、兰韵堂、研山堂等。园中还建有戏楼一座。该楼日后便成了安徽会馆中难得的一景。

北京的会馆在封建科举时代曾为不少同乡举子提供诸多方便，许多金榜题名走入缙绅之列的举子，甚至日后平步青云、名声显赫的官员，都和会馆结下了不解之缘。因此常在会馆中见到宰相、状元以及总督的题匾高悬。在这些知名之士中，有福建的林则徐、安徽的李鸿章、广东的康有为、湖南的谭嗣同等。

民国早期，会馆还曾接待了一些中国近代史上的著名人物。如民国元年（1912）夏天孙中山到北京与袁世凯会谈时，曾受同乡会盛情邀请去过安庆、粤东和香山会馆。同年 8 月 25 日，国民党在湖广会馆举行成立大会，孙中山亲自到会致词，会上选举孙中山、黄兴、胡汉民、宋教仁等为国民党领导人。民国六年（1917），李大钊应邀在湖南会馆发表演说。民国八年（1919），毛泽东曾在湘乡会馆召开驱逐湖南军阀张敬尧大会。同年发刊的，由李大钊、陈独秀任主笔的《每周评论》，也是在安徽泾县会馆诞生的。

往日会馆逢年过节都很热闹，因为同乡团拜、祀乡贤、会餐、唱戏都在会馆举行。若是遇有同乡举子金榜题名，更是热闹非凡。20 年代中期，虽然科举已经废止，但仍有不少人乐于借会馆举办婚事和庆贺寿辰，同时各省在京的单身官员也颇多，他们常居于会馆内，因此会馆还未完全衰落。直到 1928 年后，各地在京的会馆才真正衰落下去了。

北京的公寓究竟始于何年，尚无定论。不过早在元代北京民间就有"状元店"的说法。所谓状元店，即是专门接待举子的客店。明清时，京城出现了居民专向来京举子出租的单间客房。辛亥革命后，虽然科举废除，会馆衰落，然而北京仍为全国文化的中心，吸引青年学子纷至沓来。虽然那时城里各学府大都允许学生住宿，但宿舍有限，远不能满足外地学生的需求。因此每个学校的周围，都设有不少公寓以满足外地学生们的需求。

公寓因客观需要而产生，其自身种种特点又加速了它的发展。有人说公寓的性质介乎旅馆和民房二者之间，既优于旅馆又优于民房。旅馆的客人时来时走，流动性很大，客人们的身份、职业均较复杂，而且那时还要常常接受当局的治安检查，更重要的是旅馆的房租、饭费按日计价，价格较昂。这对于一般来京求学的学生颇为不便，也难于负担。若住民房，虽然房租比旅馆便宜，但没有食堂，学生的一日三餐成了问题，如果都上饭摊或餐馆进食，天气好时尚可，若遇骤风暴雨或大雪漫天就会感到极为不便了。公寓则较好地解决了旅馆、民房的不足。公寓里的住客虽非全是学生，但以学生为主，且居住时间较长，彼此大都了解。更为重要的是不少公寓都备有伙食，房租、膳费也较旅馆低廉，同时是按月计算，有时学生房客一时不便还可以暂缓交付。

对于学生们来说，公寓不仅有上面所讲的那些特点，而且它还有其他许多方便之处。一是公寓比较安全和宁静，一般公寓都设在城里的胡同之中，既离城区不远，又避开了闹市的喧嚣，同时公寓往往不清查住客，有时即使官方来查，一般也是走走样子而已，在这里居住往往有一种安全感。因此，那时一些学校的进步学生常于公寓中集会，书写和油印传单及宣传材料；共产党的地下工作者，也往往以学生身份为掩护住进公寓之中，秘密从事革命工作。二是公寓进出较为方便，绝不会像在学校住宿那样，早出不开门，晚归进不了门。在公寓，来访之人可以径直而入，相见之后，任凭海阔天空地说天道地，何时谈罢何时即可离去，不必担心看门人的纠缠。三是公寓的作息时间完全由个人自己掌握，由于大部分学生是住单间，因此不必担心自己的起居行动会妨碍他人。晚上如果功课较多或书写文章翻译稿件，则可通宵达旦，第二天日上三竿再起也无妨。匆忙之时被可不叠，房可不整，有非常充分的个人自由。

在北京经营公寓是赢利有限，但较为稳妥的行业。公寓房子有的是老板自己的，也有的是老板承租的。若是自己的房舍，开张时老板只需置备一些床铺、桌椅、木凳、书架即可。若是承租来的，老板则每月还需向房主交纳房租水电费。20世纪30年代中期，比较像样的公寓，每间房屋老板每月可收取租金3～5元，若带包伙学生则需交12元左右。

在公寓里，每屋的房门上都钉有木牌号数。每个公寓一般都装有一部电话。公寓中的伙计对住客侍候备至。每当腊月除夕、五月端阳、八月中秋所谓三节之时，住客都要给伙计赏钱。住客赏钱后，公寓老板还吩咐伙计，将赏钱人的姓名及赏钱的多少书写在大红纸上，张贴在公寓的告示牌中。

提起公寓的伙食，一般早餐为豆浆、油条、烧饼、火烧之类；午餐和晚餐均是两菜一汤，菜分荤、素两种。如果来人或改善生活，可以另出钱加添"小炒"。一般学生对于伙食要求并不很高。

有钱人家的纨绔子弟，他们进京上学往往是为了混一张文凭，因此住进公寓后便与麻将为伍，天天打牌。公寓中打牌，伙计照例要"抽头"，老板也能得到油水，因此官方很难在公寓内抓赌。尽管公寓有此瑕点，但却不能抹杀它在历史上所起的作用。

5 娱乐点滴

娱乐自古以来与文化的关系极为密切。文化越是发展，娱乐的范围就会越广，其方式也会越多。北京作为一座有着悠久历史的文化名城，自然这里的人们有着形形色色的娱乐活动。现仅就广大民众所喜爱的几种娱乐活动，作一概括介绍。

听戏（北京人将看戏称为听戏），可以说是北京人的主要娱乐。人都说北京是京剧力量最强大的地方，此话不是没有根据的。因为近代北京城中，上至朝廷、政府命官，下至黎民百姓均喜欢京剧。据说咸丰皇帝就常于政务之暇，宣召艺人入内廷供奉；慈禧更是酷爱京戏，听戏之外还常着戏衣装扮神仙。清末民初，随着业余京剧爱好者（票友）的增多，他们的组织（票房）纷纷建立，以及京剧名角的迭出，京剧在北京的影响和传播更为广泛深入了。

当时民众听戏的集中场所是戏园子。其中知名的有广和楼、三庆园、广德楼、中和园、庆乐戏园等。往日北京的戏园子和今天的剧场有许多不同之处。最早的戏园子一般都带楼。楼下通称池座，池座中摆着长条桌子和长条板凳，观众在长条桌子的两侧相向而坐。开戏时，观众得侧过身子去观看。戏园子里可以喝茶也可以吃零食。正中池座的两旁称两廊，两廊的座位称散座。民国时期，在池座的最后还摆着几张方桌，围着桌子也摆着长板凳，这是专为军警及他们的至爱亲朋准备的，称之为"军警弹压席"。当时戏园中男女分坐，男客坐楼下，女客坐楼上。楼上的前排还设有包厢，后边为散座。直至20年代以后，戏园子里男女才合座。

当时的戏台是正方形，没有今天舞台的帷幕，仅有左右两门，右边的门称"上场门"；左边的门称"下场门"。戏台左右两侧的楼上各有倒厢（亦称倒观）一个，坐在倒厢里一般只能看演员的后背。

最早的戏园子只有日场即白天演出。演出的戏向来分为"三轴子"，早轴子客皆未至，草草开场。继则三出散套，皆佳伶也。中轴子后一出曰压轴子，以最佳者一人当之，此后大轴子矣。实际上三轴子是指中轴子、压轴子和大轴子，以压轴子戏为最精彩。至今老北京人还将最好的艺术表演称之为"压轴子"！

往日北京听戏的行家和达官显贵多在中轴子时才到场，听完压轴戏，大轴子刚一开始便纷纷离去了。《都门竹枝词》"轴子刚开便套车"，就是指这种情况说的。由于戏开始以后人到不齐，所以前台池座的通道上，始终人来人往，卖零食的卖戏单的来回在走动。还有从池座的这一角往另一角，以及从楼下往楼上扔毛巾把儿的。

戏园子在民国以后，其名称、形式与设备渐渐有所变化。如将观众的座位直列改为横排，为了不影响后排观众的视线，地面也为前低后高。有的戏园还构置了转台。30年代，戏园之名渐为戏院所取代。

过去北京戏园子经营的方式，多为戏园主向戏班约请，双方订有合同。其经济收入采取分成办法。收入的多少，由售出票的多少而定。戏票的售价，则以戏园规模、位置及戏班的演出水平而定。光绪初年，大戏园子里的座位每人收"京钱一千三百"（即铜钱1300文）。到了清末民初，名角登台，票价则卖至1块大洋。时至30年代，有的名角演出，每票居然卖至2块大洋。这已不是一般百姓所能支付的娱乐费。

除了戏园子外，"票房"和"堂会"也是听戏的地方。"票房"既是"票友"的组织，又是他们的演出场所。开始时，它多半设在寺庙及富贵之家，后来随着京剧的发展，票房日益增多。因此，票友之家、机关、企业乃至学校都设立了票房。这样一来京剧的普及活动便开展了起来。

所谓"堂会"，据说最早起源于一些王公贵族的府邸。因为当时清廷不准王公贵族登台演戏，所以嗜戏成癖的王公贵族们便关上门在自己的府邸厅堂登台串演，故有堂会之名。后来发展为达官显贵、富豪大户于举办喜庆、寿诞之时，约请戏剧名角来府演出，招待亲朋好友的娱乐活动了。民国早年北京堂会盛行，1928年后，达官显贵相继离京，堂会方渐消沉。不过民间遇有庆贺之举，主人家邀请票友串演于大饭庄之中，亦是常有之事。这也可说是堂会的继续。

欣赏曲艺也是北京大众性很强的娱乐活动。在曲艺中，尤以大鼓、相声和评书最为人们所喜爱。大鼓，亦称大鼓书，由于经常以该种形式演唱整本大套的鼓书，故有此名。大鼓的名目很多，有以地名称之的如西河大鼓、奉天大鼓、乐亭大鼓；有以调子而得名的如梅花大鼓，即梅花调大鼓；又有以乐器而为名的梨花大鼓，梨花乃农具犁铧之谐音。

凡用纯京音演唱的大鼓，称京音大鼓或京韵大鼓。演唱者手持长约半尺宽 2 寸许的檀木板数层，檀木板以绳串起，彼此相击发出和谐的音响，同时配以扁鼓三弦。表演者时唱时说，以唱为主。民国初年，京韵大鼓以刘宝全最为知名，被誉为"一代鼓王"和"现代李龟年"。他以擅唱《长坂坡》、《华容道》等三国书而饮誉艺坛。其演唱特点是：词句上，字斟句酌不流俗；腔调上，行腔作韵，抑扬宛转；操音上，高下疾徐无不如意；表情上，手眼身法皆能入戏。

由于鼓词连说带唱，丰富多彩，因此颇为京城广大市民所喜爱。往日天桥，四城的书茶馆里以及庙会上，人们都可以花钱不多享此耳目之娱。阔绰之家亦可将大鼓艺人招入府宅唱上几段供家人消遣解闷。

北京的相声大致出现于清代中晚期，它以说、学、逗、唱的形式而使观众发笑。所谓"说"是说诗联句；"学"为学各方的口音；"逗"为逗哏；"唱"为唱伶人之声调。同光年间，北京有位艺名称"穷不怕"的相声名家——朱绍文。他曾在天桥、前门、护国寺等地说相声，是为"天桥八大怪"之一。他不仅能说单口相声，还创新出对口相声。朱绍文身材修长，读过书，颇有文采，说学逗唱无不精通。他所编演的《字象》（讽刺官吏腐败）、《大实话》（劝人行善）等相声段子，一直留传至今。后来北京说相声的多为朱绍文这一流派的继承人，如贫有本、李佩亭、焦德海、张寿臣、常连安、马三立、常宝堃、高德明、侯宝林等知名相声演员。

广大民众之所以喜欢相声，是因为相声内容取材广泛，相声段子中有英雄武将，也有才子佳人，有悲欢离合，也有喜怒哀乐。通过演员惟妙惟肖的表演，会使听者观者捧腹大笑，开心不已。尤其是人们在政治上受着压抑之时，一段触及时弊的相声，会大解心头之恨。比如40年代初，北京日伪政权搞了数次"治安强化运动"，结果搞得物价飞涨，民不聊生。常宝堃在西单说相声时，便借题说道："您别看现今几十块钱才买一袋白面，要是再来几次'治安强化'呀，白面就两块钱一袋啦！"

"哟！这么便宜！"

"可不，我说的是牙粉袋（似今日方便面袋大小）呀！"

观众听后捧腹大笑，这笑声不仅是为演员那辛辣的讽刺在喝彩，同时也是观众将压在自己心头许久的愤懑发泄后的自然流露。

像听大鼓和相声一样，北京人也以听评书为娱乐活动。评书起源很早，早在宋人的笔记中就有"说话人"的记载，这说话人看来就是最早的评书表演者了。北京的评书究竟出现于何时，目前说法不一，然而明末清初时，评书演员柳敬亭的名字便誉满全城了。

醒木、折扇和手巾是早年评书演员的3件必备之物。醒木乃2寸多长的一块长方体硬木，有用以提醒听书人段落的开始和结束。折扇用来代替书中描写的刀枪、桥梁、房舍、衣物等。手巾则作为来往文书信函之用。演员一般都是从师学艺出身。演员拜师也要分门户，只要一看或一听他们的名字则知为谁之徒。据说清末有"三臣五亮"之说，即3字名中间一字为臣字或亮字的演员。

评书演员曾于民国初年在北长街创立评书研究社，公推双文兴为社长。双文兴是位颇负盛名的演员，曾被誉为"评书大王"。那时候四城和近郊城镇均有书茶馆，一般分白天与晚上两场演出。30年代，北京的无线电广播变得清晰后，民众听评书就更为方便了。

话剧和电影在北京是后起的娱乐业，因此北京人以观话剧和看电影为娱乐也较晚。北京20年代初方有话剧学校，20年代中期有了个由礼堂改成的剧场。至于电影，虽然清末在北京已经出现了，但直至民国二三年时，仅有一家开设于大栅栏的大观楼放映电影。后来又有外商在东长安街开设平安影院，继而有人又于东安市场建真光影院。至三四十年代，京城的影院方多了起来，民众以电影为娱乐的也随之增加了。

6　竹枝唱北京

中国民歌种类颇多，竹枝词是其中的一种。说到它的起源，宋代郭茂倩在他编写的《乐府诗集》中说，竹枝本出于巴渝。他的这一结论不仅是由于唐代诗人刘禹锡曾写过"楚人巴山烟雨多，巴人能唱本乡歌"，而且从刘禹锡作《竹枝》新词以后，写竹词的人也确实多了起来。

竹枝词以叙事为主，内容相当广泛，如风俗时尚、市井人情、政治时弊、社会经济、民众斗争、名胜古迹、文化戏曲等，可以说无所不包。由于北京是座古老的城市，而且又是好几个封建王朝的都城，因此写北京社会方方面面的竹枝词自然很多。时至近代，专写北京的竹枝词就不下一二十种。如道光时的《都门杂咏》，咸丰时的《都门百二咏》，同治时的《增补都门杂咏》，光绪时的《都门竹枝词》、《都门纪事百咏》、《都门打油歌》，宣统时的《京华百二竹枝词》、《京华百六竹枝词》，民国年间的《京都新竹枝词》、《故都竹枝词》等。透过这些竹枝词的描述，人们对北京的过去，尤其是近代北京历史的各个方面，会增加许多认识和了解。

在唱北京的竹枝词中，有很大篇幅是写京城近代仍然保留下来的习俗，如"三节"、祭祀、婚丧之礼仪。所谓三节，即农历年、端午节、中秋节。这三节中，以农历年最为隆重，因此描述它的竹枝词也最多。"爆竹声喧达四邻，香烟欲锁画堂春"，这是一首清末写"除夕"情景的竹枝词开头两句。除夕之夜燃放爆竹的习俗一直延续了下来。每逢腊月，街头上就摆出售卖各种花炮的摊子。什么"响鞭"、"机器鞭"、"二踢脚"、"麻雷子"、"炮打灯"、"起火"样样皆有。从三尺童子至白发老翁无不围着摊来挑选。家家除夕放爆竹，是取"爆竹声中除旧岁"的吉利。

　　时至除夕午夜，点燃爆竹达到了高潮，因为适时家家户户都要开始祭神了，供桌上除供品外，还要点燃成股的高香。于是便呈现出"香烟欲锁画堂春"的情景。午夜一过便是新的一年开始，家里的长辈按习俗是要给晚辈压岁钱的。而对于妇女来说，从正月初一到初五是不许动针、剪等物的，动则为不吉利。因此在除夕午夜来临之前，压岁的铜钱和应做的女红都要准备停当，专候元旦的到来。所以这首词的后两句便是"铜钱针黹宜先置，好待三更辞岁人"。

　　拜年是农历年的一项重要活动。它从正月初一开始，直至正月初五才结束。初六以前，城里大小店铺都停止了营业，各家妇女也不得串亲走友，只有男子才能整装打扮出门拜年。于是便出现了"车声隔屋听辚辚，知是新年贺喜人。到处叩门名帖递，粉红纸上墨痕真"的一番景象。拜年活动不仅住家如此，店铺亦是如此，所以才有"家家名柬贺新年，门薄书（即现在的通讯录）来住址全。惟有工商尤简便，全以门隙递红笺"的描述。而今这拜年用的"名帖"和"红笺"已不复见了，然而眼下新年时的"贺年片"和"新年卡"岂不也是风靡时尚之物吗？

　　祭祀和送丧之习，北京也颇具特色，而这种特色在近代亦屡见不鲜。就祭祀而言，京城每年有统一的固定时日，如正月初二祭财神，腊月二十三祭灶神；各家亦有其自己的祭祀之日，如祖先的生忌和死忌，以及每当家里有了可喜可庆的事，也常常要祭一祭祖先。在祭祀的同时还要请来亲朋好友，设宴款待。由于京城为多民族共居之地，因此祭祀的供品亦不相同。如汉族和满族祭祀时以猪，而蒙古族则用羊。"得职生儿喜莫量，祭来宗祖上祠堂。亲朋请到神余食，满汉肥猪蒙古羊"，就是对这种祭祀的写照。

至于送丧，清末曾有这样一首竹枝词："街头对对列金牌，多少官衔是借来。怪底有钱人仰慕，一班穷汉也呼哀。"词中写的是京城送殡时的情景。当时京城富裕之家送殡时都要有官衔牌，假如没有或官衔小，就要向亲族们借官衔来充用。同时还要雇佣数十名穷苦人排列在官罩之前，穿上孝服戴上官帽，脖子前还要挂上一个小盘，盘上放置着死者的用物。若死者是男的，必定放官帽、朝珠、荷包、手巾、钟表等物；若死者是女的，必定放簪珥等物件。这些人还要随走随哭。

在写北京的竹枝词中，还有不少是反映当时社会时尚的。如纸烟在清末方普及，在此以前，吸烟者多吸旱烟，自备烟袋及炻火帘。当时前门外李铁拐斜街万宝全号，所售卖的兰花潮旱烟最为有名。可是自纸烟普及后，这种兰花潮旱烟便无人问津了。因此有一首竹枝词唱道："贫富人人抽纸烟，每天至少几铜元。兰花潮味香无比，冷落当年万宝全。"

有人说赌博极像抽鸦片，一旦上瘾，极难戒掉。清末民初，自南而北赌风大起，而以麻将牌作为赌具的尤为盛行。其时，京城亦大染此风，夜以继日地打个不停。赌者有老有少，有男有女，他们天天沉醉在牌桌之上。一首名为"打麻雀"（即打麻将）的竹枝词直率地批评了这种不良风气："麻雀而今闹得凶，几乎嗜好一般同。可怜有用之精力，消在发财白板中。"

庚子之变后，清廷标榜推行"新政"，重实业倡商务，一时重利之风弥漫京城。"新春新喜共新年，发福生财写个全。利欲熏心瞒不住，满都贴在大门前。"这首名为"贴门对"的竹枝词，可以说把当时那般"利欲熏心"经商者的发财心境写得淋漓尽致了。

社会之时尚也常常表露在人们的穿戴上。宣统年间，北京街头巷尾经常看到带小帽的男子。其帽必要撮为六折，使帽顶尖尖的，帽结很小，有如黄豆，戴时还要向前，让其半遮额头，时称"六块玉"。不少男子以戴这种帽子为时髦。所以当时就有这样一首竹枝词："小帽新兴六折拈，瓜棱式样美观瞻。料应时尚钻营计，第一头颅总要尖。"

清王朝被推翻后，满族男女的服饰也随之起了变化。"大半旗装改汉装，宫袍截作短衣裳。脚跟形势先融化，锐首莲钩八寸长"，就是写衣服以及鞋式样改变情景的。满族男子的短打扮取代了过去的长打扮；放足的满族妇女，此时也穿上了为汉族缠足妇女设计的鞋子式样。

还有不少竹枝词，是直接抨击时政和社会流弊的。在清末兴起的振兴实业潮流中，不少富有者纷纷集资入股兴办各种实业。然而也出现了不少投机骗子，他们借招股之名，以逞其饱囊之技，时京城各处客店内多不乏此等人，人们管这些人叫做"弥子手"。此辈俱为厚颜无耻、招摇撞骗之徒，颇有似今日皮包公司的

"款爷"。所以有首竹枝词以辛辣的词句唱道："一从实业重商权，集股纷纷嚷破天。引出许多骗子手，招摇诡诈尽磨研。"

宣统年间，清政府为维持其摇摇欲坠的统治地位，效法西方国家搞经济预算。然而这也不过是一场滑稽戏。于是有一首竹枝词讥讽道："持筹握算法西欧，钱谷薄书细展觑。惟是漏卮与中饱，无人能预此支收。"

武昌起义，民国诞生，照理说国已属民，然而实际上并非如此。由新旧官僚组成的民国统治者，仍然骑在人民头上作威作福。与清朝官僚所不同的，只不过是在仪礼和服饰上罢了。正像一首竹枝词所唱的那样，"牛鬼蛇神尽上场，鞠躬还比磕头忙。京华冠盖而今异，文武新穿外国装"。这些穿着各色西装梳着短发的官僚们，不仅清闲而且高薪，"议员薪水六千强"。每月拿着6000银元的政客们自然要过那花天酒地、纸醉金迷的腐化生活，"一饭之资费百元，招花侑客醉当筵"。既然不惜一席千金，因此"饭馆俱将雅座添"，前门外的八大胡同，自然也就"车马如云人似海，果真夜夜是元宵"。

还有一首竹枝词，专写那些新的权贵们。这些人常在开会时，胸前佩戴着耀眼的证章和五光六色的插花，借以显示高雅和气派。所以词中挖苦道："新国人才重佩章，招摇过市亦堂皇。一枝花向胸前插，道是连朝开会忙。"可谓入木三分。

至于广大劳动民众和一般知识分子的处境依然如

故，没有什么改变。如来往于西山和京城的运煤人，照旧起早贪黑，长途跋涉，同时照旧被诬称为"煤鬼"。"煤鬼颜如灶底锅，西山来往送煤多。"那些靠教书过活的客居先生，难于在京容身，又找不到糊口的工作，"盘费全无怎去家？穷愁潦倒驻京华。逢人便说留心馆（找家馆去教书），房饭钱多不肯赊。"而那些沿街乞讨的儿童，更是凄惨悲苦，到处流浪，"乞儿终日向寒啼，羽翼徒怜养未齐。三个青蚨眠有夜，鸡毛房里似鸡栖。"这些食不饱腹、衣不掩体的乞儿，官方不仅不加怜悯救济，反而以有关"国耻"而不准他们乞讨。"讨钱童子乱拦人，略迹原情总为贫。难得区官尽驱赶，都因国耻在斯民。"这些竹枝词的揭露也是十分深刻的。

特别值得一提的，描绘北京的竹枝词中还非常难得地记下了义和团运动这一幕悲壮历史的生动画面。"初起山东号义民，忽延保定忽天津。俄惊辇下纷纷遍，真似神仙会驾云。"愤怒的义和团民自山东而起，迅速得到了北方民众响应，像神仙驾云似地发展到了北京。许多披着宗教外衣的侵略者闻风丧胆。穷凶极恶的八国联军也在杨村陷入重围，"才过杨村半日程，一千精锐泰西兵。赴援无计通前路，陷入重围不放行。"可是清朝统治者却惧怕民众运动的继续发展，开始与外国侵略者公开勾结，甚而有人身揣日本使臣"乞援"信，逃出京城，但行至通州时，为当地团民查获，当即将他正法。因此竹枝词中写道："贵介匆匆走急装，身怀房使乞援章。潞河义士搜衣得，一夕宣传满帝乡。”正是由于封建统治者与外国入侵者的勾结，轰轰烈烈的义和团运动才被镇压下去了。

透过朗朗上口的竹枝词，人们不难看到北京近代历史的风貌，它涉及了北京社会生活的各个方面，对研究和了解近代北京颇有价值。

三 农工商事

 近世工商

　　说起北京的近代工商业，不外有三个方面，那就是传统手工业、近代工业和商业。传统手工业，如景泰蓝、地毯、雕漆、玉器、绢花、首饰、骨角、画灯等，不下30余种。这些手工业在近代的变化不尽相同，有的得到了一定程度的发展，有的为了适应需要而有所改进，还有的则为时代所淘汰了。

　　景泰蓝和地毯属于前一种情况。始创于明代景泰年间的景泰蓝，尽管是一种精美的工艺品，但直至19世纪末，由于平民百姓无力购买，国内销售状况一直不佳。1904年，在清政府推行"新政"的过程中，北京景泰蓝被运往美国参加万国博览会，获得一等奖，于是便逐渐打开了外销之路，得到了一定程度的发展。

　　地毯与景泰蓝相仿，1900年春季，德商洋行向北京继长永地毯厂购买了两张地毯，运至柏林后，备受当地人称赞。接着它参加了1904年美国万国博览会并获得一等奖。这样一来，细软、色艳、耐久的北京地毯便走上了外销之路。到 20 年代初，北京的地毯厂从上个世纪末的不足 10 家，发展到了 40 家。

属于第二种情况的以画灯业为代表。北京的画灯早在明代就已制作得精妙绝伦了。由于当时画灯主要是用于宫中悬挂，故有宫灯之名。昔日每逢上元之际，观灯之举遍于京城。其时不仅宫廷、府邸、衙署悬灯，而且城中铺户也都张灯结彩，争奇斗艳，画灯在民间也大有市场。时至清代，画灯在制作方面有了发展变化，式样繁多，雕镂彩画，各极其妙。其中以前门外的文盛斋和华英斋制作的画灯最为精致。按种类画灯可分为宫灯、台灯、蟊灯、壁灯等多种形式。其灯心均置烛照明。自近代电灯流行于京城后，画灯之灯心便以电光取代了烛光，同时精制了帽罩。以纱绢绘制种种图案，并缀以彩穗的帽罩，看上去非常典雅。画灯经此改进后，对外输出量逐渐增加，并于光绪末年荷兰博览会和 1914 年巴拿马万国博览会上获奖。

早年拉弓时的护指物——板指，箭头与箭杆相接处的骨制品——保头，官吏帽子上插孔雀翎的细管——翎管等手工制品，随着民国的肇兴，武举的停罢，以及装束的改变，逐渐为时代所淘汰，变成了历史的陈迹。

北京的近代工业，应当说起步是较晚的。1872 年，在京西门头沟创立了用机器提升原煤的通兴煤矿；1883 年，清政府在三家店建立了神机营机器局，制造西洋枪炮和弹药。随着清末"振兴实业"口号的提出，有的商人准备开厂制造自己设计的四轮自行车，有的则准备聘请外国技师于"顺治门内半壁街吕祖阁庙内空地，建造机器厂一所"，制造机械。辛亥革命后，"振兴实业"的理念得到更为广泛地传播，加之第一次世界大战爆发，列强无暇东顾，客观上为北京近代工业的发展提供了有利时机，于是机械、火柴、纺织、印刷、面粉、玻璃、酿酒、造纸等一大批近代工业工厂以及城市公用企业都先后在这一时期出现了。

北京近代机械工业具有代表性的是在1901年，在北京西南卢沟桥畔的长辛店镇，建起的一家机车车辆厂，这家工厂专门修理京汉铁路线上的机车；1906年，京张铁路沿线的南口镇，又建立了南口铁路工厂，负责修理京张铁路线上的机车。这两座工厂是北京近代机械工业中较大的企业，其中以长辛店机车车辆厂规模最大，1909年时，该厂就有工人800多人了。

近代北京的轻工业，可以火柴、毛纺、印刷、啤酒为例。由官绅温祖筠等人集资、在崇文门外创办的丹凤火柴厂是北京近代第一家火柴厂。该厂投产后情况良好，为了扩大发展，1917年又与天津华昌火柴公司合并，改称丹华火柴公司，合并后京厂有男工300人，女工200人。这个公司在1949年前，为华北最大的火柴企业。

清河毛纺厂这名字，对北京人可说是家喻户晓。它的前身是1909年由后补道台谭学裴任总办创建的溥利呢革厂。这是一家官商合办性质的工厂，当时拥有机器180多台，线锭4800百枚。它不仅是北京近代毛纺织业具有代表性的工厂，而且也是当时全国最大的一家毛纺厂。

北京近代化的印刷业始于 1908 年清政府在南城白纸坊动工兴建的印钞厂，全部工程于 1914 年竣工。这座近代化的印钞厂，当时叫做度支部印刷局。它以采用雕刻钢凹版印钞新工艺而著称。该厂规模大，技术先进，不仅印钞而且还印制契约、文凭、证券、印花税票、公债票等，为清末民初中国规模最大的印刷企业。随着新文化运动的兴起，北京印刷业又有了一定程度的发展，出现了不少印刷厂所，如北京大学出版部印刷所、故宫博物院印刷所等。

近代北京的酿造业首推啤酒。1914 年商人张廷阁投资引京西玉泉山之水建造双合盛啤酒厂。这是北京首家私人资本开办的啤酒厂。该厂生产的五星牌啤酒质优价廉，颇受京城民众的欢迎，自 30 年代开始，销售量日见增长，在港、澳及南洋等地也很畅销。

除近代工业外，从清末开始，北京还兴办了一些近代公用企业。如 1904 年由御史史履晋等人发起，创建了京师华商电灯股份有限公司，资本为 28 万元，后又扩资 20 万元。总厂设在前门内西顺城街，有机组 3 台。1919 年于京西石景山设立分厂。公司所使用的机器均购自美、德两国，用煤发动。

1908 年，清政府任命周学熙为京师自来水股份有限公司总理，以招商集股的办法兴建自来水公司，仅用 22 个月便筹集了资金，购置了器材，勘定了水源，建成两座水厂，铺设了长约 20 万米的管线，1910 年 2 月便正式向城内供水了。

元代，北京就是座商业城市。时至近代，这里的商业依然十分兴旺。道光末年曾有记载说："京师最尚繁华，市廛铺户装饰富甲天下。如大栅栏、珠宝市、西河沿、琉璃厂之银楼、缎号以及茶叶铺、靴铺，皆雕梁画栋，金碧辉煌，令人目迷五色。至内市酒楼饭馆，张灯列烛，猜拳行令，夜夜元宵，非他处可及也。"然而随着中国半殖民地化的日益加深，19世纪60年代以后，洋货涌入了北京，到清末民初，北京市场更为洋货充斥。时人曾愤慨撰文写道："（现在）甚至吃、喝、穿、戴那一样儿不是洋货，甚至无地不洋，无人不洋了。"当时的北京尽管不是开放的商埠，但外商却在京开设了多家洋行。如英商开办的怡和，美商开办的慎昌，法商开办的乌利文，德商开办的禅臣，日商开办的三菱等。外商从洋行获取大量利润，因此洋行越开越多，至20世纪30年代初，外国在京洋行已有78家。除外商开设洋行外，华人也开设洋货庄、洋货店，发售形形色色的舶来品。

在洋货充斥北京市场的同时，清政府和民国历届北京政府都对民族商业课以名目繁多的捐税。仅据1916年统计，就有印花税、广告捐、烟酒特许牌照税、特种营业执照税、普通商业牌照税等多种。鉴于洋货泛滥，捐税繁多，京城的店主们联合成立了同业公会，希望以此进行抵制。至于广大的店员，由于待遇微薄，工时很长，效率都不很高。当时的店员主要是学徒出身，除了年节与食宿，都在不停地为店主干活。

应该指出的是，近代北京商业的发展，也与当时的社会风气特别是权贵们的侈靡之风有着直接关系，至少是一种不小的刺激。清末国势每况愈下，习武俭朴之风早已为满族王公贵族所忘却。醉生梦死，贪污腐化则成为常事。当时就有人写道："都门近事，江河日下。枢府惟以观剧为乐，酒醉笙簧，月必数数相会。南城士大夫，借一题目，即音尊召客，自枢王（礼亲王世铎）以下，相率赴饮。长夜将半，由于筵次入朝，贿赂公行，不记级极，投金暮夜，亦有等差。"至于他们的家眷，过去是"常往勤俭二字上追求"，而"轮到目今，谁还提到这般雅事呀，不是讲究衣裳就是什么首饰，再不就是看戏逛庙，打牌吸烟，什么陈列所咧，万生园咧，电影戏咧，马戏场咧"。而那些纷纷登场的新贵们，也毫不逊色。这些人享受着优厚的待遇，过着"寻常消遣千金注，要比前清贵胄豪"的生活。

在这样竞相侈靡之风的影响下，一般平民有的也颇受感染。"人民日益奢华，一块多钱买双袜子，硬说不贵，甚至于妇女缝连浆洗，都找人工代包，因而商家得逞其投机伎俩，硬将物价抬高五倍，买主儿居然也不嫌贵。"

在这种情况下，北京商业兴隆的同时，高消费行业和店铺日益增多。如1915年京师商会所辖店铺3264家，其中首饰、古玩、玉器、金银号、钟表、绸缎、饭庄等店铺就有795家之多。

与商业发展相适应，京城内陆续出现了一些大的商业市场、百货商店和商品展览中心。这在后面章节中将详细谈到。

京郊农事试验场

今天，当游人来到西直门外的动物园时，想必不会知道这里原是农事试验场的旧址。农事试验场开始酝酿于1903年。当时清政府成立了商部，为了振兴农业，商部奏请将内务府奉宸苑管辖的乐善园、继园以及附近的官地850多亩，划作为农事试验场。此处坐落在西直门外，近山附廓，泉流清冽，水土肥饶，颇适宜种植。商部奏请获准后，农事试验场便开始了筹建。

经过两年时间，1908年农事试验场正式完工了。全场面积1062亩，环以7里多的围墙，呈现出东西长、南北窄的形状。试验场的正门坐北朝南，气势恢宏，在4根汉白玉排柱间，建有3个拱形门洞，中间的略大，两边的略小，门洞之上有似僧帽之建筑，均以精巧之雕砖砌成。除正门外，场之东北和西北还各辟一门以便出入。

农事试验场的建筑及布局均颇具园林风貌。走进正门，在绿荫之中可以见到两层带廊子的砖木结构楼房，这便是试验场的接待所。其东面为动物园，亦称万牲园。实际上那时所饲养的动物从未超过百种。动物园内建有兽亭、兽舍、鸟屋、禽舍、动物繁殖室及陈列室等。所饲养的脊椎动物有狮、象、虎、豹、熊、猴、狐、鹿、斑马、骆驼、袋鼠；鸟类有鹦鹉、仙鹤、孔雀、鸳鸯、鹭鸶、锦鸡、鸵鸟、鸢、雕、鹰以及多种鸣禽；爬行类动物有鳄鱼、蛇、龟。此外，还饲养着多种鱼类。这里一方面研究害鸟害兽对农业的危害，同时还研究动物之生理及形态解剖。

农事试验场开办之初，各省督抚及出使大臣即根据商部要求，先后选送和选购了国内外不少物品，其中有五谷、蔬菜、瓜果、树木、花卉、牧草、药材种子数万种；桑苗、树苗万余株；昆虫和标本数千种；鳞介和标本数千；矿物数百种。此外，还选进了一般农具数百件，新式农具、农机几十种；各种有关的专业书籍几十种；农用肥料多种。在这些物品中，有不少是首次引入京城的。如日本的马力播种器、马力除草器；荷兰的风磨；北美的化肥和欧洲的大圆菜等。其引进的专业图书，对农作物的选种、栽培、施肥、浇水、管理、收割以及如何饲养鱼类、鸟类、昆虫类和它们的习性，都记载得十分详细。新式农具、农机和肥料也都附有说明书，这为农事试验场的试验工作，提供了不少依据和方便。

农事试验场内，广泛地"试验"种植水稻、谷类、桑树、果木、蔬菜、花卉、牧草、工艺植物、树苗等，并辟有谷麦、桑蚕、菜蔬、果木、花卉试验园地。其中谷麦试验园地达75亩，种植的农作物有直隶、江苏的旱稻和芝麻，山西、河南、四川的高粱、小麦和豆类，国外的有法国高粱，美国的玉米，意大利的旱稻，日本的花豆等。同时还进行散播、点播以及磷酸肥、氮气肥、加里肥的试验。

桑蚕试验园地辟植桑地55亩，栽桑苗1.5万株，并建有蚕室、缫丝室、切桑室、器械室、标本陈列室。对蚕的饲养分中、外及天然与人工不同饲养法，其人工饲养法，采用温、凉及温凉适中3种方式进行。该试验园地还分别种植棉麻作物。其棉麻种子分别来自直隶、山东、江苏、安徽、湖北以及美、日等国。

菜蔬试验园地，占地32亩，分为4个区，培植中外蔬菜多种。如江苏的扁豆、香瓜、山药，直隶的茄子、黄瓜，俄国的甜瓜、番茄、辣椒，美国的芸豆、蜀葵、莱菔、甘蓝，荷兰的甜菜等。为使菜蔬越冬和培育菜苗还建有温室，室内不仅开有菜畦，同时还建有暖坑。

果木试验园地分布在场内不少地方，总占地面积达85亩之多。其果木是按区域分别栽种的。如江苏的多汁蜜桃，河南的大石榴，福建的海棠，山东的蜜梨、大枣、山楂，以及美国的苹果、樱桃，日本的柿梅、银杏等。其中以桃树及山楂树栽种最多。

花卉试验园地，栽培分草本、木本、丛生、蔓生，或盆栽，或畦种。其中花卉名品有江苏的菊花，福建的兰花、水仙，菏泽的牡丹，湖南及江苏的珠兰等；国外品种有日本的樱花、蔷薇、菖蒲、百合、福寿草，澳大利亚的兰卉，以及意大利的花草，荷兰的郁金香等。园中亦建有温室花房，专门培养奇花异草。

农事试验场的试验多种多样，不单对动植物，同时对施肥、土壤等项均做过较为翔实的试验，并将这些试验结果写成专题报告。其中不少试验成果还在全国一些地方推广。如美棉的栽种，新法育蚕等。

农事试验场中的许多景点，更是游人的好去处。试验场中部有豳风堂，建筑宏敞，藻绘鲜华。东边以山石堆砌而为洞，西边为纡曲之长廊，每逢夏秋季节，可于此处俯瞰四周水塘中的荷花。堂前有颇为珍贵的文冠树数株，干粗叶茂，所结之果亦可入药。入夏之后，堂前树下还设藤桌、藤椅，便于游人饮茶纳凉。沿长廊往西，多处种有牡丹，每当暮春时节，"国色天香"的牡丹，以它那千姿百态的艳丽，迎接四方的游客。可能是由于此处盛栽牡丹的缘故，此处的一座亭子便直以牡丹而命名了。豳风堂后面是不高的土山，山上林木茂密，高大树干的枝头，多结有喜鹊筑巢。游人漫步林间，常常会听到喜鹊的鸣叫。

从豳风堂向西南方向走去，便是海峤瀛春岛。岛上遍植樱花树，楼阁均为日式，颇具异国风情。如从该堂向西北而行，便是卐字楼了。这座镶有长方形窗户的二层建筑，看上去酷似佛经中的卐字，故而得名。

观稼轩位于卐字楼的北面，这是以茅草建成的亭舍，颇具农家情趣。每当金风送爽，四下田里的庄稼渐渐由绿而黄的时候，游人来此观赏，亦会领受农人丰收在望的喜悦。若从此再向西北而行，便会见到一座品字形的三层小楼，它的四周环以荷塘，这便是来远楼了。由于它地处场之西北隅，故游人不多，所以显得冷清。

从来远楼向南行，便是试验场有名的建筑所在——畅观楼。此楼为二层代廊的西式建筑。若登楼顶向西远眺，西山之景色便可尽收眼帘；向东望去，则可俯览全城。故而有畅观楼之名。楼的东西两侧均有莲花池塘。楼前有铜狮铜犼各一。铜狮在东，铜犼在西，从两只铜兽的嘴里都可以喷出水来。

畅观楼内陈设考究，布置华丽。正厅墙上垂挂着多幅梅花图，每幅画卷的上方正中，均印有"慈禧皇太后之宝"。楼内还专辟有慈禧太后及光绪皇帝的寝室。就是因为如此，所以昔日曾有一些书上说，慈禧和光绪均曾临幸于此。然而据当年曾在试验场待过的一位老人讲，这种说法是不符合事实的。据他所知，1908年，农事试验场建成时，商部（后改称农工商部）尚书载振曾奏请慈禧太后和光绪皇帝临幸游览。当时正值盛夏，天气酷热，一天慈禧与隆裕皇后由颐和园乘小火轮，沿长河至试验场后身，进西北门入场。光绪帝因病未能同行，陪同太后和皇后的王公大臣中，有李鸿章之孙李国杰及试验场总办诚璋。当时慈禧乘坐一顶小轿，皇后隆裕则与太监、宫女一样步行。慈禧一行人等在试验场内游览一周，仅在畅观楼南的鬯春堂稍作休息后，便返驾回宫了，从未在畅观楼过宿。不久，光绪和慈禧便先后辞世了。畅观楼内的龙榻及黄龙绣被，皆为虚设而已。试验场内可供游览之地还有许多，如鬯春堂、荟芳轩、旷然亭、城关等。

农事试验场的商业服务也颇具特色。这里不仅设有游览公司，备有人力车、推车、肩舆、游船、冰床，供游人任意选择使用，而且各景点均设有茶座，备有茶点。同时还开设了中西餐馆，如燕春园西餐馆、鸿记饭馆等，为游人提供味美价廉的菜肴。如果游人兴致盎然，想于试验场中留影，可直接去镜真照相馆。建有二层楼房的这家照相馆，门外挂着不少人物和试验场景点的照片。

农事试验场虽是官办，但每年所拨经费仅够职员杂役的薪金，场内其他各项开支还需自筹解决。因此，商业服务经营的好坏，对维持试验场的生存，可以说是至关重要的。

农事试验场在民国以后曾数易其名，至40年代，试验场业已荒废。由于该场西边的一部分为清代贝子花园，因此又有三贝子花园之称。

 8　典当与银行

谈到近代北京的工商，不能不涉及早年留存下来的典当业和后起的银行业。这两个行业不仅与京城的工商业且与整个京城经济息息相关。

据史籍记载，明代前期，京城的典当业多为徽州商人所经营，因此当铺中所用的行话一直采用"徽语"，也就是用徽州的土音说京话。清代前期，京城的典当业有了较大的发展。乾隆时有大小当铺六七百座。晚清时，虽然社会经济日趋衰退，但在八国联军入侵北京前，仍有当铺200余座。当时经营典当业的以常、刘、高、董四大家最为有名，他们分别开设了一二十家或二三十家大小不等的当铺。

清代北京的当铺与官府的关系甚为密切，因此官府对当铺的高利剥削采取听任的态度。比如清政府不仅将当铺的利率规定为月息三分，而且对京地当商的"九八出，满钱入"毫不加以干涉。所谓"九八出，满钱入"，即当铺贷出的现金，若当本为百元，就须减去2元，当户实收98元；赎物时，则须以百元支付，其利息要照票面当本十足计算。

近代北京的当铺遭受了两次重大的劫难，一是八国联军入侵北京后，大肆劫掠；二是袁世凯为窃夺辛亥革命果实又不愿南下就任临时大总统，授意曹锟发动"北京兵变"，纵兵抢掠，致使当铺元气大伤。经过这两次浩劫后，经营当铺的外地商人也被经营当铺的"北京帮"挤出了京城。从此以后当业商会就完全由北京当业商人所把持。

抗日战争爆发前一段时间，北京的当铺还较为兴盛，1935年前后有当铺近百座。其中刘、娄、杜三家最为知名。刘家经营的"东恒兆"、"西恒兆"、"南恒兆"、"北恒兆"当铺，那时可以说无人不知，无人不晓。这三家所开设的当铺几乎占了北京当铺总数的一半。这一时期可称为北京当业的"回光返照"阶段。

卢沟桥事变后，北京沦陷，处于敌伪统治下，经济极不稳定，物价日益膨胀，加之日韩商人在京开设了许多当期短、当价高的"小押"，使原有的当铺营业日趋不振，多数当铺关门或濒临倒闭。1945年抗战胜利后，当业曾一度东山再起，然而战火纷飞，内战四起，物价一日数涨，纸币贬值日甚，再已无法继续营业，最终走上了它的末路。

从前北京的当铺最好辨认，因为在当铺的墙上都书有特大的一个"当"字。同时门前还挂有一个长似鹅脖子的东西，名为"钞铺"，实际就是一个幌子。辛亥革命后，当幌子逐渐取消了，代之出现的是将字号镌在铜牌上，钉在大门的两旁，亦有书写一个"当"字挂于门前的。

当铺的房子，多半与北京的普通住房相仿，只是院墙较高，窗户坚固，库房宽敞而已。其中设有门市、客房、号房、首饰房、更房、住房、厨房等。门市乃接当和赎当的营业之所。门内迎面设一高大栏柜，柜台同中等身量人一样高。一般人都得举手送物和接物。由于柜台高，所以里面都垫有踏板，板上分设4个高凳，是当铺人员固定的位子。柜台的左边多开一小门，此门专为本屋同人、柜上朋友以及有财势之人而设的，他们可以由此走进客房，客房内布置雅致。号房为保管衣物的库房。首饰房为珠玉、首饰、古瓷等贵重物品的库房。值班守夜的人休息于更房之内，铺中人员宿于住房之内。

当铺的人事组织相当严密，当铺的总经理称"总管"，他受股东之托，监督当铺的一切对内对外事务。经理称"当家的"，负责掌管当铺柜上的全部业务和处理日常内外事务。营业员有"头柜"、"二柜"、"三柜"、"四柜"之分。库房负责人称"包房"，学徒称作"学买卖的"。账桌是专管书写当票及其他账簿，并编制号码的人。

收当和赎当是当铺的主要业务。收当时，先由

"头柜"、"二柜"过眼，断定所当之物是否为赃物，确定后方可开价。其价常是值十给四。金银首饰稍多些，但亦不过百分之六七十。遇有古玩字画，估价尽量压低，因为当业人员虽通百行，但均不精，没有十足的把握，北京话称之为"力巴"。所以即使名贵之物亦多不识，有时还不得不求教于古玩业商人帮助鉴定。在当物价钱估定后，只要当户认可，便高声念出当物之花色、件数及当本若干。随后由账桌登入"门账"。门账一般有三栏，一栏为号码，二栏为摘要，三栏为金额。门账为原始记录，亦可作当票之存根。登账之后即书写当票。当铺在写当票时，则极力贬低当物，如当的新衣则写成"油旧破补"，皮袄写成"虫吃破光板"，金表写成"铜表"，玉器写成"假石"，硬木写成"杂木"等。当票如同有价的证券，用东昌纸制作，票版由琉璃厂的刻字铺专门刻制，刻字铺恪守信用，刻版决不外传。当票上的字是当铺的专业字，字体大致似行草，但又非行书、草书，看上去似金蛇狂舞。这种字体究竟创于何人，始于何时，已无从考证。据说字数在千字左右，日常应用的不过三四百个。当铺学徒每晚习写其字时，乃照旧当票临摹。当铺用此特殊字体书写当票，主要是为了防止伪造。当票书写好后，再根据当票登入各项账库，并将号码、当本及件数写在纸条上存起来。然后由账房将当票及所当之现款交给头柜或二柜，经他们之手再转给当户。

赎取当物时，由头柜或二柜接过当票，然后将本利算清，批写在当票上，收清现款后，便交给账桌登入清取簿内。主管人员持当票与清取簿，入库对号取货。货取出后仍需交给头柜或二柜验查，相符后交给当户。

北京当铺一般以 24 个月为满期，过期不赎，当票即作废，成了"死当"。成为"死当"的物品，当铺有权处理。处理的时间一般在农历二、八月。售卖之前，由当铺出请帖，约请各估衣铺、古玩店，来当铺内看货。每件售卖货物均事先标明号码。购买者看货后，先在纸上写明号码及给价，然后装入信封封好，交给当铺经理。当晚经理拆封，凡给价最高者则为承买人。随后即通知承买人何时付款取货。

由于北京春夏日长，秋冬日短，因此当铺春季早晨 7 时下板营业，晚上 6 时上板关门，夏季早 5 时至晚 8 时营业。到了秋冬时节，一般都是 8 时开门，5 时关门。一年中二三月份营业较为兴旺，因为当铺以衣服为大宗当物。天气渐暖后，皮棉衣均可收藏不用，所以一旦缺钱用，主人就将它们当出。盛暑的六月一般当铺的营业较为萧条。待八九月金风入都，寒霜挂树时节，当铺又忙了起来，多为赎取当物之营业。年终之时，为当铺最繁忙的时候。届时年关将至，挣扎在贫困线上的居民需当物以备还债、过年之用；小工商业者因缺乏资金，为了维持生计需得向当铺借贷。另外有些人，因年终收入较多，设法将过去的当物赎出以作精神上的安慰。这样一来，当铺便门庭若市了。

银行，乃是外国名词的译语。英文为"bank"。银行是意译，银字取中国货币之本位，行字乃是作为商业组织的通称。最早提及银行一词的书，为香港出版的《智环启蒙塾课初步》。

最早出现于中国的外国银行是英国开设的东方汇理银行，它于1845年在香港设立分行，1848年又设分行于上海。而中国人自己办的第一家银行是在近50年以后才成立的中国通商银行。1904年，清政府户部试办银行，总行设在北京。它实际上是中国第一家国家银行，至1908年该银行改名为大清银行。民国成立后，它又改组为中国银行。

1908年，清政府邮传部于北京设立交通银行。此后北京又有兴业银行、储蓄银行、北洋保商银行、信成银行等设立。民国成立后的前5年中，北京设有新华、盐业、中孚等银行；民国五年至八年（1916～1919），又开设有金城、农工、大陆、实业等银行。1917年，北京成立了银行公会，有19家银行入会。1931年改组成为北平市银行同业公会。

北京的银行一般组织都较严谨，分工也甚细致。以中国实业银行为例，它是一家商业银行，经营存放款、汇兑、买卖有价证券、储蓄、保险，以及发行兑换券等业务。总行设于天津，北京支行设有经理、副理、襄理及文书、营业、会计、出纳四股，每股设主任一人，统受经理、副理领导。其中文书办理书稿、文件事务；营业掌管各项营业及调查事务；出纳掌管库储之各项钞券、现金、货币出纳及证券、契约担保品、寄存品保管业务；会计掌管账目、核算表册等。当时北京的银行都无不"以服务为第一要义"相标榜。

北京的银行多集中于东、西交民巷及其附近地区。如中国、金城、大陆、保商、实业、农工、大生、上海商业、中央、河北等银行皆在西交民巷，外国及中外合资银行则集中于东交民巷，其他银行多在前门外的商业繁华区。

民国成立以后，北京市面上钞票种类多了起来，不仅中国的银行可以发行钞票，外国以及中外合资的银行也可以发行钞票。据统计，抗战前在北京有 13 家国内的银行发行钞票，外国及中外合资的银行有 5 家发行钞票。1928 年以前，由于政府各机关的款项都存入银行，且大小借款也由银行提供，北京的银行还比较景气。1928 年以后情况有所变化，但总的说还比较稳定，其存放款的利率也都比较低。

七七事变后，日本帝国主义为了加强对华北的掠夺，于 1938 年在北京设立了中国联合准备银行总行，并将支行扩散到华北各地。发行的钞票叫"联银券"，券面上印有孔子头像和天坛照片。由于日本帝国主义的疯狂掠夺，北京的银行业自此可以说是江河日下了。那时北京民间就流传着一首"孔子进天坛，五百当一元"的歌谣。

抗战胜利后，在北京的银行有官僚资本控制的四行（即中国银行、中央银行、交通银行、中国农民银行），以及江浙系、川系、本地系的私人银行共 26 家。此外，还有汇丰及东方汇理两家外国银行。

商业市场

近代北京综合性商业市场，规模较大的主要有三个，这就是东安市场、劝业场和西单商场。

东安市场这块地方，在清朝末年本来是个荒废了的练兵场。随着清廷"新政"的推行，兴办实业风潮的兴起，1903 年 3 月这座邻近东安门的商业市场便诞生了。从建场一直到 1956 年实行公私合营，市场内始终是摊商多于铺商。

市场里的商摊儿，大多是由东安门外大街迁来的，因为从 1902 年起那里便开始整修道路。还有一部分是从前门外大栅栏一带迁来的，因为 1900 年那里被大火烧成一片瓦砾。至于市场中的铺商，其发展过程几乎与王府井大街差不多，是由北向南进行的。民国初年时，北半部分店铺较多，南面则多是摊棚和空场。

东安市场的整个格局是：市场有门 4 个，即北门、西门、中门和南门。自北而南的正街是其干线，在干线上自北向南有 3 条街与之垂直交叉，分别叫头道街、二道街、三道街。自头道街起，在正街的东西两侧还有 2 条与之平行的东街和西街。从北门到三道街，从西门到头道街的东头，这一块基本呈正方形的场地，是早期发展起来的地区。从西门向南的一线上开有市场的中门和南门。从三道街起向南的场地呈长方形，这一地区是后来发展起来的。

市场始建时，都是土路，只有建成的店铺内才墁有条砖地。1920 年，市场第二场大火以后，全场的甬道才铺了黄色的耐火砖，并在市场上面搭了铅板棚。加棚后，光线变暗了，即使白天也需开灯。当时北京电力不足，有人便在市场南门外，王府井大街路东的凤凰厅处，安置了一台德国发电机开始发电，以供市场之需。

辛亥革命以前，东安市场的繁荣就出了名。当时有首竹枝词这样写道："新开各处市场宽，买物随心不费难。若论繁华首一指，请君城内赴东安。"从世纪之初，直到新中国成立，东安市场经历了几个不同的历史时期，都得以保存并且均有不小程度的发展。据1933 年统计，市场内已有近千家的店铺和商摊了。不仅北京人，就是远道来京的中外人士，也为市场的大名所吸引，要到这里逛上一逛。

东安市场之所以能比较长时间地保持繁荣，原因是多方面的，但有两个因素很重要，一是市场的地理位置优越。早在清朝末年，东安门外大街就有不少店铺和商摊儿，这一带不仅地近宫闱，而且贵戚权臣的府宅甚多。加之 1906 年在"新政"的高潮中，大公主府总管刘燮之又冲破清代严禁内城开设戏园之令，在市场北门处修了个吉祥茶园。这样一来，住在皇城以东以北的达官显贵要看戏就不必非到前门外不可了。

正是适应这种地理环境和达官显贵的特殊需要，市场建成了一条南北走向的正街，这条正街便是市场的主干线。同时为了使看戏的人能够在晚场戏散以后吃得上饭，买得到东西，市场店铺和商摊一直营业到深夜。当然营业到深夜还有其他原因，比如不少官宦绅商都有吸食鸦片和聚众打牌的陋习，他们晚睡晚起，昼夜颠倒。所以过去东安市场上午的顾客要少于下午和夜晚。这种全天乃至夜里都营业的市场较之一般集市、庙会是更具有吸引力的。

东安市场保持繁荣的另一主要原因是，场内无论店铺和商摊都各有一套经营之道。比如在市场的北门里，有一家清真馆，其字号就是闻名遐迩的东来顺。这家餐馆之所以能获得成功，首先是它能进行巧妙的宣传。宣传又不是凭借一纸广告，而是通过人的嘴。纵观东来顺的历史，从创业到发家，它从没有将百姓喜欢的低档大众食品如小米粥、贴饼子、杂面汤、饺子、馅饼之类取消。因此顾客经过比较就会感到这里既便宜又"给吃"，于是一传十，十传百，东来顺的名声自然而然地就提高了。此外，为避免外界货源变化的影响，东来顺建立起了自己的养羊场、油盐店等一整套自产自销系统，由此保证了本店货源的质量与充足供应。

在东安市场里，最为殷实的行业要算是特种工艺了。此行也有一套自己的经营之道。这就是严格筛选从业人员，柜上和柜下生意一起做和对顾客讲信用。因为特种工艺是一种专门知识较强的行业，所以从业人员必须具有较强的眼力和技能方能胜任。因此从事这一行业的人员都是经过业主的严格挑选而被任用的。鉴于能够有钱购买特种工艺品的人多半是富有者，所以这一行的生意不仅是在柜上迎接顾客，往往还要走出去，到顾客家中去做。这样一来，如若对顾客不讲信用，日后就甭想再做生意了。

除上面谈的行业外，市场里还有百货、图书、服装、鞋帽、文具纸张、医药、照相器材、干鲜果品以及茶馆、球房等多种行业。早年在其东部还有杂技场。由于市场中外驰名，因此曾有不少名人涉足于此，比如鲁迅在这里吃过饭，胡适在这里买过书，老舍在这里照过相，溥仪在这里买过蜜钱，宋美龄和于凤至都在这里买过首饰等。

劝业场是北京南城规模较大的一座商场。它位于前门外大街的西面，其正门开在廊坊头条东口内，坐北朝南；后门则开在西河沿。其所在之地，正是京城寸土寸金的地段，这里不仅有著名的珠宝首饰店，如天宝、天聚星等，而且还有知名的饭庄如华北楼、龙和轩以及盐业等大银行。这座五层楼高的劝业场，其正门和后门都是水刷石的门脸，水泥高台阶，看上去很是恢宏。

劝业场又邻近前门火车站，因此这里不仅有来自四城的顾客，而且常年接待着全国来京的游人。该场内一至三层的店铺主要经营百货、布匹、绸缎、服装、鞋帽、古玩、字画、珠宝、玉器、食品等。除了店铺，还有经营五光十色商品的摊商。另外，还有些服务性行业，如照相馆、理发店、镶牙馆、镜框店、餐馆、茶楼、球社等。当时不少顾客常到这里三楼的裕珍园西餐馆和一品香茶楼。尤其是一品香茶楼，时时是顾客满座，他们一边品茶，一边还可凭窗眺望西山的景色。这正如宣统年间一首竹枝词所描述的那样,"华洋饮馔任人餐,到此随心有两般。最好三层楼下坐,挂窗酌茗看西山"。可惜1918年劝业场发生了一场大火,损失极其惨重。恢复营业后,餐馆和茶楼就不复存在了。

四楼是"新罗天"南、北游艺社,这里时常上演曲艺、评剧、京剧和话剧。许多当时著名的演员如鸿巧兰、芙蓉花常来这里演出。然而七七事变后,劝业场也随着京城的沦陷而日益萧条了。

西单商场,较东安市场和劝业场都要晚。它实际是位于西单牌楼以北、马路东侧的厚德、福寿、益德、临时、惠德、福德6个商场的统称。这些商场是1930~1941年间先后建起的。其中最早的厚德商场,是由华侨黄树滉于1930年5月创建的。

西单商场经营的项目很多,如日用百货、文体用品、新旧图书、服装鞋帽、珠宝玉翠、烟酒食品、中西餐饮、美术照相以及戏曲杂技等,真可说得上是五花八门,样样齐备。同时,不仅商品齐全,而且其经营方式亦有独到之处,娱乐节目能够雅俗共赏。

商场中有几样小吃是全城闻名的。如米家豆腐脑,它是京城有名的三家豆腐脑之一,以羊肉汤口蘑丁打的卤,味厚而不腻,豆腐点得细而嫩。两面焦炒饼更是全城独一份,饼的层不仅多,而且切得丝细,吃起来外焦里嫩,别具风味。在冷食中有陈大胡子的酸梅汤,此汤号称有三纯,即纯开水、纯酸梅、纯白糖,按今天的说法,乃纯天然食品。此外,还有京城最早的冰棍儿摊。当时冰棍的做法是用一金漆大桶，将天然冰放在里面，撒上盐，然后将水倒在一支支像试管一样的铅管中，并插入一根竹签，再将这些铅管放进大桶内，冻好后取出铅管磕便是一根冰棍。

此外，在商场中还出售新旧图书，并有租书摊，摊主待人和蔼可亲，即使是看书而不租书的读者，他也热情招待。所租的图书有白话文的，也有文言文的，有武侠小说，神话小说，还有言情小说。当时张恨水的《啼笑姻缘》就颇受读者的青睐，没钱买书的读者，用一毛钱就可以租上一本看看。

照相馆在西单商场里可算是不少，而且其经营方式也各有特色。以彬彬照相馆为例，顾客入店后却看不见摄影师。当服务人员让您脸朝墙上的圆孔坐好后，便会听到隔壁有人向你说道："好了！您等一会儿就取像。"接着顾客便会听到屋里发出"呜呜"的响声，不久顾客就会拿到印好的照片。这其中的奥秘原来是店家用电热风迅速吹干底片，马上印片的结果。为了不受停电的影响，这家店的门外，还放上一台小型发电机。

谈到商场中的娱乐处所，游艺社、桃李园、启明茶社等都颇为有名，其中启明茶社更是闻名遐迩。这家茶社既是茶馆，又是曲艺厅。茶社中坐东朝西有个小舞台，台前摆有茶桌和椅子。这里以表演相声著称，主要演员为常连安父子、张寿臣、刘德智、郭荣启等人。其表演形式有单口、对口、群口及化妆相声。除相声外，还有阎秋霞、魏喜奎的大鼓，马小荣的坠子表演。由于这里演员实力雄厚，节目雅俗共赏，且不售卖门票，只是按段打取零钱，因此特别叫座。有的人竟然从开场一直坐至散场。

无论是东城的东安市场，南城的劝业场，还是西城的西单商场，都为北京的商业发展作出一定的贡献。它们中的不少店铺和摊商所具有的经营方式和特点，对于今天北京的商业经营，应当说还是有借鉴作用的。

四　建筑与公益

 京城建筑

　　近代北京虽然也有了钢筋水泥的西式建筑，如 20 世纪早年建成的劝业场和北京饭店，其中北京饭店高七层，为 1949 年以前北京最高的楼房，但为数不多，那雄伟的宫殿，巍峨的牌楼，典雅的宅院仍是北京建筑的代表。它们既是中国建筑史上的杰作，同时也是中华民族文化绚丽的结晶。

　　如果从高处俯瞰北京城，首先映入眼帘的，便是那城池中央一片金黄色的建筑群。这就是占地达 72 万多平方米，有房屋 9000 余间的紫禁城。当你步入其中，便会发现这里的殿宇大都是木结构，琉璃瓦顶，红墙，白石底座并饰以金碧辉煌的彩画。尤其是那具有浓郁的民族风格覆盖着金黄色琉璃瓦的屋顶，更是令人叫绝！这种屋顶就是人们通常说的"大屋顶"。

　　如果细看这些屋顶的类型是不尽相同的。三大殿和内廷的乾清宫、交泰殿、坤宁宫，这六座宫殿是明清皇帝们进行政治活动的中心。因此，大多屋顶为重檐庑殿顶或重檐歇山顶。重檐即有两层檐，庑殿顶因有脊 5 条，又称"五脊殿"；歇山顶因有脊 9 条，称"九脊殿"。除这两种屋顶外，还有硬山顶、悬山顶、攒尖顶等几种形式，其中以重檐庑殿顶为最高贵，其次为重檐歇山顶。

在紫禁城中，大小建筑物的屋顶上都铺着琉璃瓦，除大面积使用金黄色琉璃瓦外，还有多种色彩的琉璃瓦和琉璃饰物。三大殿以及文华、武英等宫殿一律使用黄色琉璃瓦，以示皇帝施政场所的庄严。其中以太和殿使用的琉璃瓦为最多。太和殿亦称"金銮殿"，它是等级最高的重檐庑殿顶建筑。内廷的建筑，则采用黄、绿两种颜色的琉璃瓦，御花园、宁寿宫花园、慈宁宫花园里建筑物屋顶的琉璃瓦很少用单一的黄色，有绿瓦黄剪边，亦有黄瓦绿剪边等几种形式。这样就使造型优美的殿阁楼亭掩映于古柏花木之间，更显得分外幽静典雅。

北京的牌楼，亦颇具特色。牌楼又名牌坊。从外表上看，牌楼有一间二柱一楼、一间二柱三楼、三间四柱三楼、五间六柱五楼等多种形式。其柱有出头的和不出头的，所谓出头，就是柱的上端高出明楼的楼顶；不出头的牌楼其最高点为明楼的正脊。在北京，街道上的牌楼大多为柱出头的，而宫苑内的牌楼则多是柱不出头的。从牌楼的材质结构上看，大致可分为木牌楼、琉璃牌楼和石牌楼三种。木牌楼在北京数目最多。过去东四、西四、东单、西单的牌楼均为木牌楼。琉璃牌楼则多建于坛庙、寺观之中。往日北海天王殿、国子监、东岳庙、西山卧佛寺等处的牌楼均为琉璃牌楼，其雕制烧造都相当美观，可称是牌楼中的杰作。至于石牌楼，则多建于陵墓的所在地，如京北昌平明十三陵的牌楼。这座牌楼已屹立在陵区人口之处达数百年之久了。

北京的宅院也颇有名。所谓宅院，实际上是两个概念。就其规模来讲，宅为大，院为小。院是宅的组成部分，宅中必含有院。在北京常常听人们讲什么"四合"、"三合"之类的话，这四合即指在一个院子里有东、西、南、北彼此相向的房屋，而三合则缺少一个方位的房。以四合而论，一般来讲，由于北京四季气候、风向以及阳光照射角度的不同，因此人们总是愿住冬暖夏凉的北房（坐北朝南之房）。所以院落中的房，多以北房为主房（或称上房）。然而也有以其他方向的房为主房的，这就是北京人常说的南为上，西为上或东为上之类。如果四合院以北房为主房，其院落之门多开东南，辟南房一间为门道，或单开一门，进门在东房山墙，建有贴山影壁一面，左拐为一长方形或四方形院落。若北房为3间，往往东西配有较小的耳房。耳房与东西厢房山墙间的空地称为"天井"。东西厢房一般是各3间。南房多为5间，东西两间较窄，东边一间南房若作为门道，西边一间则多为存放东西用。这种院落之中，往往有个花池，用以栽种一些花草，若无花池，也要放些盆栽石榴或夹竹桃之类的花作为点缀。

至于宅，其门一般也是在东南角上，大门也分屋宇门与墙垣门。对着大门设有影壁，有的门之两侧还建有八字形影壁，向西拐进入前院，这里一般仅有倒坐的南房，南房对面乃是个垂花的中门。这垂花中门实际上是通向四方的过道房。平时门是关着的，以便挡住对北房的直接视线，若遇院主人家有喜庆大事时，才摘去其门，使其直通第二进院内。进入垂花门向东西走，通过将东西北房连在一起的"抄手游廊"可到各房去。在正房的后面，再建后罩房数间，这便构成了宅的标准。有的宅第还可以向纵深发展，成为数进院落的大型宅子。

在赞叹恢弘和典雅的北京建筑之余，人们不由得就会想到这些建筑所使用的材料。砖、瓦、灰、石、木是往日北京建筑中所常使用的材料。其中使用最为普遍的乃是砖和瓦。谈到砖，它是由黏土制坯，经过阴干入窑烧制，待烧好后，烟熏饮水而成，俗称"过水砖"。因为它呈灰颜色，故又称灰砖。往日一般民舍所用的砖就是这类砖。

砖的种类颇多，从形态上看，可分方砖、条砖、楔形砖、鸱吻砖等。以质量而论，又可分为质细而坚的镜面砖和质粗且薄的沙板儿砖。就一种砖来讲还可细分，如条砖又可分为素面条砖和细沟纹条砖等。除此以外，还有供某种专门使用而烧制的砖。如北京的城垣用砖，以及宫殿铺地用的"金砖"。城垣用砖采用大小两种规格。小砖是指元代砖或按元代砖形制烧造的城砖；至于大砖，是指明代烧制的城砖。这种砖最初多由临清、聊城、安阳等地烧造，然后顺运河运抵京城。

至于"金砖",乃是专为皇宫烧制的细料方砖。此种砖颗粒细腻，质地密实，若悬起敲打，便会听到金属的声响。铺在地上，光润有似墨玉，踏上去不滑亦不涩。它是当时铺地的上好材料。据史料记载，"金砖"在选土、炼泥、澄浆、制坯、阴干等工序上均极考究，此外，还得烧制 130 日，方能"窨水出窑"。"金砖"在墁地以后，还要浸以生桐油，这样方能润而生辉。

北京一般平民住房用砖，以粗制条砖和"砖头儿"为多。所谓砖头儿，乃是大小不等，形状各异的碎砖块。北京的泥瓦匠用砖头儿砌墙和盖房堪称一绝。无论多么碎小的砖头儿，北京的泥瓦匠人，均能在砌墙或盖房时派上用场。

往日北京的建筑中，使用较为广泛的为筒瓦、板瓦和上釉的琉璃瓦。筒瓦呈半圆形，主要用于建筑殿、阁、厅、堂、亭、榭之顶。板瓦似板而略有弯度，分大小两头。板瓦还有重唇和滴水形式。

凡建筑物屋顶全以瓦覆盖时，多于瓦下衬以苇席、苇箔和荆笆等。所衬层数依建筑物的规模而定。采用筒瓦时，其筒瓦之头还要饰以"瓦当"。所谓瓦当，就是屋檐筒瓦顶端下垂部分，俗称筒瓦头。

琉璃瓦，北京又称"釉瓦"。元时大都就有 4 座烧制琉璃瓦的窑。明清时，烧制琉璃瓦的工艺更为精湛了，其种类也较多。常见的是筒瓦和板瓦，其他还有勾头、滴水、兽头、琉璃走兽等多种构件，论其颜色还可分黄、绿、青、翡翠、紫、墨等多种。

北京过去建筑上用石之处很多，京城附近产石的地方较多，如大石窝、马鞍山、牛栏山等地。作为装饰用的白玉石，它"莹者如圭，洁者如琼，温者若璐，润者若瑛"。因此有汉白玉之美称。元、明、清三代，在北京的殿堂、坛庙以及城楼等建筑中广泛被采用。大青石和花岗岩，在建筑中多用作台边、柱础、台阶、路面及井口等处。过去北京有不少石厂，专门为私人建筑房屋提供石材。

建筑中使用的木材，早在明代，就在崇文门外建成了神木厂，朝阳门外建有大木厂，西单设有大木仓。自明永乐年间营建北京开始，便动用大批人力去四川、江西、湖广等地采办材质上乘的大木，其中以楠木为多，用以营建宫殿、陵寝之用。至于北京民间建筑所用木材，则以东北产的黄花松为上品。

 交通工具面面观

如果用一个词来形容近代北京的交通工具，那就是"落后"。这种落后突出地表现在陆路运输上。一是非机动的交通工具长期存在，并占据压倒的地位；二是机动交通工具出现的时间相当晚，而且数量甚少，同时多为破旧不堪之物。

北京的非机动交通工具，亦即靠畜力或人力载人运物的交通工具，主要有驴、马、骆驼、驴车、骡车、马车、轿子、手推车、排子车、人力车、自行车、三轮车等多种。

驴，亦即小毛驴，体都不高不大，骑坐甚为方便。很早京城内就以驴作为代步或驮物的工具。清末民初时，外城及内城部分地段仍有用驴驮脚即以驴作为交通工具的。这种驮人的驴（俗称脚驴）时时可以在朝阳门、德胜门、西直门等地见到，因为那里有常年基本固定的去通州、清河、海淀的线路。另外，每逢庙会还有专程去寺庙的脚驴。除了驮人外，往日还有不少郊区的农民或小贩，用驴驮着土产和日用品进城售卖。至于京西、京北山区百姓用驴驮水，那更是普遍的事了。

马，往日在北京城内亦可充作代步的工具。清代宫廷即有养马之所，所饲之马专供宫廷使用。满族入关后，尚武之习仍旧保留。满族官员出门无论文武均需乘马。所以不少北京府第门前，左右均设置"上马石"。政府并规定，官员的仆从也必须骑马以遵"前引"、"后从"制度。所以马曾是京城的一种重要交通工具。

骆驼，被人称为"沙漠之舟"。这种动物忍饥耐渴，能驮重物。清朝初年，骆驼还常为代步之工具。"京朝官多有策驼而入署者，后易骆驼为马，最后易马为车"的记载恰是明证。骆驼作为代步的工具虽然渐渐被淘汰，但是用它驮煤驮石灰的历史一直延续到1949年。

北京以畜力驱动的车种类很多，其中最为普遍的是驴车、骡车和马车。驴车和骡车属于一个类型，可称之为典型的中国式车辆。驴车多以敞车为主，有的专走一条固定的路线，如东直门到西直门，鼓楼到天桥。这种车走大道不进胡同，称之为"趟子车"。有的驴车不走趟子，随雇主之愿，送人送货到指定地点，俗称"跑海"。驴车一般车身较低。相比之下，骡车车身就较高，车之装饰亦很讲究。有车围、车帘儿、布篷等。其形似轿，故又称骡车为轿车。当时城中较繁华的地方都有停驴车和骡车的"车口儿"，雇车人可随处雇到自己需要的车。辛亥革命后，北京的新式马车逐渐增多，硬轮车不准在马路上行走，骡车就渐渐绝迹了。

我们所说的马车，并非指一般马拉的车，而是指新式马车（亦称西洋马车）。早在乾隆末年，英国使臣就曾代表英皇向乾隆赠送过四轮双马的西洋车。20世纪初，北京街头出现了西洋马车。车的式样有带顶的与敞篷的，有单马拉的亦有双马拉的。当时，这种马车，分车行出租与富户官僚自备两种。袁世凯1912年在东华门遭炸弹袭击时，所坐的便是金漆四轮双马拉的马车。他当了总统后，还对政府各级官吏所乘之车加以规定。"驷马高车意气横，飘风暴雨路中行。从来权势都如此，倾轧苍生总不停"，就是对那些乘坐豪华式西洋马车权贵们的讥讽之词。

当时京城的平民百姓，只能乘坐从马车行租来的用单马拉的马车。这种马车大多是西洋式，漆着绿色车身，前后左右都有玻璃，马戴眼罩，车夫座位很高。租赁马车的车行多集中于东城，如第一马车行在大佛寺，乘风马车行、三友马车行在灯市口，东四南北分别有昌永、三盛和盛金马车行，交道口南有飞鸿和公升马车行。

在非机动车中，除以畜力驱动的车辆之外，还有不少是以人力驱动的。手推车就是其中的一种。这种车过去在北京四处可见，其用途也很多。它的中间只有一轮，因此也有叫"独轮车"的，可用于推水、推粪、推土、推盆和运山货等。同时还可在其上部做成平面，放置切糕、羊杂碎、烫面饺等食品。

排子车，兴起较晚。其车身与用驴拉的车相似，但重心更低，轮子是用胶皮做成的，由人驾辕，多半用来搬家或运物。

人力车，是清末从日本传入中国的，所以又称"洋车"或"东洋车"。后来北京开始制造这种车，但许多部件都是舶来品。随着北京马路的增多，这种车也多了起来，开始时其车轮为硬橡胶皮的，因此又称人力车为"胶皮车"。后来才改成为充气轮胎。北京的人力车车把是两根直杆，多用榆木或槐木制成。前面装有半月形的白铜刻花挡头。其车厢不大，呈方形。由车厢周边起，用三道白铜箍卡住。车厢后面装有铜制扶手。车篷是用竹条做成，上面蒙有水笼布，有的也包有白铜活，篷前有车帘。车之左右各有六棱形白铜玻璃灯一盏，点电石气放光。车的后方还安有三角支子，以防车厢翘起。车上并备有靠垫和脚垫。

北京的人力车以拉散座的为多。拉散座的车多数是车夫从拴车出租的厂子里租来的。租车一般又分

"拉白天儿"的，"拉晚儿"的和拉"黑白天儿"的，租金各不相同。还有一种是拉"包月车"的。无论车是属于本家的还是属于车夫的，一般都采取本家管饭并按月给工钱的办法，所以称之为包月车。拉这种车的车夫收入比较固定。大致在 40 年代初，上海的三轮车传入了北京。由于三轮车比人力车速度快，坐着稳，而且车夫也省力，因此逐渐得到推广，慢慢地就取代了人力车。

"臀高肩耸目无斜，大似鞠躬敬有加。噶叭一声人急避，后边来了自行车。"这是清末一首竹枝词对自行车的描述。自行车在北京的普遍出现，大致是在光绪末年。其车分东洋车和西洋车。东洋车乃是日本制造的，较早的牌子为僧帽、菊花等，这种车车架较低，适于身材中等以下的人骑用；西洋车主要是由荷兰、英国、德国制造的，当时的牌子很多，如荷兰的"汉牌"、"羚羊"，英国的"三枪"、"菲利普"，德国的"兰牌"等。西洋车多是大架子，适于高大的欧洲人骑用。据北京 30 年代初统计，市内有自行车 64000 多辆，车行近 40 家。当时所有的自行车全系进口货。

除了用人力驱动的各种车子外，尚有轿子作为交通工具的。不过在清代对乘轿限制很严，所以百姓平常是不乘轿的，只是在娶亲和发丧时，才租用喜轿或白轿。

近代北京的机动车，可以提及的有火车、电车和汽车三种。火车，最早称汽车，这是因它以蒸汽为动力的缘故。早在同治四年（1865），就有个美国人在宣武门外一块空场上修筑了一条一里来长的小铁路，路上开动着一辆小火车头，并且能发出"呜呜"的叫声，当时围观的民众都以为怪。清政府得知后，便下令拆毁了。这条铁路乃是在中国土地上最早的一条，它比起1873年修筑的淞沪铁路早了8年。此后，北京曾在北海铺了紫光阁铁路，从国外购置了机车和车厢，慈禧曾独自享受了乘车之乐，但由于惧怕机车的汽缸声，因此改由太监牵引车厢行走。1897年从天津到马家堡一线铁路正式通车。1900年庚子之役后，外国侵略者为了进一步控制清政府，曾将马家堡车站搬到了天坛，并筑成由东便门至通州东站的支线，1903年又在前门修建车站。1904年京汉、京奉铁路相继建成。1909年由詹天佑任总工程师的中国人自建的第一条铁路京张路全线通车。这几条铁路虽曾承担过一些客运和货运的任务，但各线管理标准不一，车辆又是七拼八凑，哪国的车皮和机车都有，其行驶速度不仅慢而且时常出现事故。

有轨电车是近代京城内载客最多的一种机动车。民国初年就有人准备组建电车公司，以改善市内交通的落后状况，但因种种原因未能实现。直到1921年5月，北洋政府才正式决定筹建官商合办的电车公司。股额定为400万元，官商各半。官股之款来自北洋政府向中法实业银行的借贷。与电车有关的设备大多来自国外，如车盘、钢轨购自法国；发电设备、变电设备购自瑞士和德国；锅炉购自英国；电线购自日本。1924年12月终于建成通车，但比原计划推迟了17个月。然而由于所购设备多为陈旧之物，更由于电力不足，因此电车常是走走停停。直到1928年春设在通州的电车公司发电厂竣工后，电车时走时停的现象才有所缓解。

北京电车公司营业之初，仅开行一条线路，即由前门经西单、西四至西直门，有10辆车往返运行。至1930年公司拥有机车64部，拖车30部，水车两部，管理与服务人员约600人。1943年，全城电车行驶路线增至7条。第一路由天桥至西直门；第二路由天桥至北新桥；第三路由西直门经西四、西单、东单、东四至北新桥；第四路由北新桥至太平仓；第五路宣武门至崇文门；第六路由崇文门至菜市口；第七路由天桥至永定门。此外，还有法华寺存车场至天桥一线。

电车开始运营后，在一定程度上改善了市内的交通状况，却也因此使乘人力车的人大为减少。1929年10月曾发生一起人力车夫砸毁电车的事件，共有60多辆电车被毁，10处道岔被破坏，使市内电车停止运行达18日之久。为转嫁损失，电车公司采取了提高票价的办法。但与此同时，军警等享受免票乘车的特权，每年电车公司因各种免票、减价票而蒙受着重大的损失，营业长期不景气。

北京的汽车大致兴起于民国三四年。最早在京城大街上行驶的多是英美制造的汽车，如"福特"、"雪弗兰"、"别克"、"奥斯汀"等。到了20年代，北京开始有了汽车行出租营业汽车，30年代初北京已有80多家汽车行。但由于社会的腐败，汽车和部件均需进口，因此汽车也和电车一样不景气。1935 年北京虽然有了公共汽车，但在京城内以及郊区的运输上并未起到应有的作用。

近代北京的水路运输，由于清末之际漕运停止，加之北方天旱雨少，水源有限，因此水上交通几近衰亡。

近代北京的航空运输，起步晚而且底子薄。1921年 7 月 1 日开通的北京至济南首航班机，虽是中国近代民航事业的开端，但不久就中断了 8 年之久。北京解放前虽然有至上海、西安、重庆、石家庄、沈阳等几条航线，但载客运货能力有限，而且票价昂贵，一般平民是无法问津的。

 京城的饮水

北京的饮水，在过去主要是取自于井和泉，且以井水为主。据考证西汉时这里已出现了井群。金、元于此建都后，水井便成了解决京城居民饮水的主要源泉。从明人所著《京师五城坊巷衚衕集》的记载中，就可以知道北京的许多胡同就是以井字命名的，如井儿、甜水井、苦水井、三眼井、四眼井、乾井、板井、红井、黄井、小井、高井、宣家井等。到了清代，关于北京内外城井的记载就更详尽了。据清代文献记载，当时内城有井 701 眼，外城有井 557 眼，整个城区总共有井 1258 眼。城内一半胡同有井。但是由于当时打井技术落后，无法穿过浅层潜水，所取的水多半有苦味，甜味的水甚少。那些富裕的居民多以苦水作为洗衣、洗菜等生活用水，而以甜水作为饮水。但对于绝大多数居民来说，由于甜水价高，只好甜水和苦水混在一起饮用了。"驴车转水自城南，买向街头价熟谙。还有持家参汲井，三分苦味七分甜"，正是这种情形的真实写照。

水井，在北京一向分为官和私两种。凡住户院内的水井，菜园里的水井，大小庙宇所属的井均称为私井，而各胡同里公共汲水的井则为官井。这种官井在早先居民可以自由汲取，彼此均不相干涉。同时也有让挑水者代为汲送的，只需给挑水人少许劳务费而已。清末民初，京城挑水的水夫多系山东人。这是因为清兵入京后，随驾八旗及满蒙、满汉二十四旗分驻内外城，而随营火夫又多为山东流民。当时各旗界内街巷的井，都命随营的山东火夫管理，所以直到清末，这些从火夫演变成水夫的山东人，从形式上一直不敢将井据为己产，其井一直称为官家之物。他们想要占据某井，必须向官署递呈，自称某街某胡同，水夫某某承租。官府发给他们凭据，他们便成了某口井的掌柜，然后他们再雇山东人给靠这口井用水的居民送水卖钱。附近的贫民仍可自己汲水，但不能使用水夫汲水的用具，如水桶、滑车、辘轳等。

老北京人都知道"水窝子"这个词。这就是占据某口井的掌柜，在井附近建造的一两间低矮的、让挑水人居住的屋子。这种水屋子叫俗了就成了"水窝子"。早先在水井的旁边还用方砖筑成了一个二三尺高的小庙，庙门前置有香炉蜡具，庙里供着龙王。井掌柜还要"晨昏三叩，早晚一柱香"。

据说早年的山东水夫都会唱满人入关时的"得胜歌"。他们的劳动非常辛苦，首先得用辘轳、滑车或人力把水从井中提上来，然后再一桶一桶地倒入水车之中。那时候的水车乃是两个把手的单轮车。把手上各有一个铁环，两环间拴上一根牛皮带，备水夫套在肩上使用。车的两边木架上各安上一个木制水柜。水柜上有一方口为灌水使用，下有一小圆孔，孔中安有木塞，放水时将塞拔下，水便会自然流入水筲中。每辆水车若装满了水足有五六百斤重，水夫们天天推着这沉重的水车，走在那"无风三尺土，下雨满街泥"的道路上，然后把水送到各家门口，接着再用短短的扁担，长长的铁钩将盛满了水的木筲挑起，跨入用户的家门，步入厨房倒入水缸之中。

豪爽、坦诚的山东水夫，非常能吃苦。即使在酷暑难熬的日子里，他们也从不袒胸露臂和光脚；隆冬腊月，滴水成冰，寒风刺骨的时候，他们仍是汗流浃背地推着"吱吱扭扭"的水车，将水送到家家户户。水夫生活都很简朴，平日只吃窝头就咸菜，逢年过节也休息不了多少时间，加"犒劳"也不过吃点炖肉和炒点鸡蛋而已。他们与井窝子的掌柜是"三七分成"，计挣 10 文钱，掌柜得 7 文，水夫仅得 3 文。据北京老人回忆，光绪初年，每挑水仅收制钱 1 文，甜水 2 文；清末时为 1 个铜子，所以水夫所得无几。

至于以泉水作为饮用水，在北京很早就开始了，不过当时仅仅用于宫廷而已。如元朝时，为了解决宫内的饮水问题，还特意修了金河，将玉泉山的泉水引入大都城中，为防止污染，还规定严禁在金河中洗涤。到了清代，宫廷中的饮用水需要天天从西郊玉泉山运来。每天当东方呈现鱼肚白的时刻，插有小黄旗的马拉水车便驶出了神武门，待到下午酉时，装满泉水的水车又缓缓地驶进神武门。

至于北京居民饮上较为清洁卫生的自来水，那已是20世纪初期的事了。20世纪之初，清廷推行"新政"，曾有一些有识之士向农工商部建言在京兴建自来水厂。于是1908年4月农工商部溥颋等人便上奏慈禧，言明"京师自来水一事，于卫生、消防关系最要，亟宜设法筹办"。奏折很快得到了批准。接着该部所拟的筹建办法亦获准行。于是"官督商办"形式的"京师自来水股份有限公司"便开始了筹建。

曾任直隶按察使及长芦盐运使的周学熙被任命为公司的总理，任协理的是孙多森，任坐办的是马苏。公司所需资金采取"招商集股"的办法。为了维护民族利益，在公司招股简章中曾明确规定："本公司专集华股，不附洋股。其有华人影射洋股者，一经查觉，立将该股注销。"拟定的股额为300万元，分为30万股，每股10元。

为了使京城居民的饮水不致再有咸苦的味道，寻找较好的水源是极其重要的。经过艰苦的勘测，测得京东北的孙河水质较佳，适宜饮用。于是便决定以此水为京城自来水之水源，在孙河屯与东直门外分别建立水厂。当时曾有一首竹枝词写道："城北方塘一鑑开，千万龙蛇地下排。问渠那得清如许，谓有源头活水来。"这活水便是孙河之水。

水源解决了，接着便要考虑工程所需的材料问题。鉴于德商瑞记洋行曾参与孙河水源考察，并多次表示若由它来提供工程所需器材，必定都是"德国著名大厂极新式而又坚固耐久的正品"，同时还信誓旦旦"如有错误，情甘议罚"，因此自来水公司便于是年6月与该行签订了购置设备承包工程合同。根据合同规定，德国工厂提供的器材不仅要有图纸，而且还要有保险及使用年限。此外，"所有承办自来水机器、水管以及各项钢材材料，应分别先后，从速运华，至工程地为度，供备安设，不得误工"。并明确规定，"限自立合同签字之日起，头批五个月运到，二批七个月运到，三批十个月运到"。

签订合同后，农工商部满以为1909年春天即可以出水了。然而孰知瑞记洋行并没有严格履行合同。如水厂主体工程的水塔及头批器材，应于11月初运抵工地，虽几经催促，至12月底水塔仍未运到。就是运到的水管，也不足定数的1/4。这样就延误了工程的时日。

在这种情况下，公司和广大工人依靠自身努力，不仅建起了孙河水厂和东直门水厂，而且铺设管线的工程也在年初开始了。其管线分为干管和支管，干管又分大小干管。大干管的走向有两条，一是从东直门水厂铺起，走东直门内大街、北新桥，然后转向南，走东四、东单、崇文门，向西经前门、宣武门，再转向北，走西单、西四，最后到平安里。另一条是由北新桥向西，走交道口、鼓楼、地安门、平安里，然后向北达新街口。与大干管相接的为通向各街道及大胡同的小干管。大干管一般口径为 400～450 毫米；小干管口径为 200～350 毫米。支管也分为两种，一种是通向小胡同的，其口径为 80～150 毫米；另一种是通向水站及各家院里的小支管，其口径为 40～50 毫米。

京师自来水公司经过 22 个月的紧张施工，终于在 1910 年 3 月 20 日正式向京城供水了。从此便结束了北京没有自来水的时代。

北京自来水最早使用时，分为专管、龙头和水门三种。专管为安有水表的用户所设，按月照表计价。使用专管者多为富有之户及店铺。龙头为各街巷售水处所设，凡用户可购买水票取水，一枚铜元购水票 4 张，每张取水一挑，水票有效期为 1 年。水门为各大街所设，用于消防或泼街。

虽然北京从清末就有了自来水，但并非家家户户都能用上。直到 30 年代中期，全市饮用自来水户仅占总户数的 1/10 左右。这种局面，一直延至 40 年代后期。家家户户都能饮上自来水的愿望，乃是京城回到人民手中方才实现的。

今天，北京人固然都饮上自来水，但千万不要忘记，北京本来就是个水源不足的城市，加之人口的日益增加，工业的不断发展，已使不少河流干涸，地下水位迅速下降，而今市民饮水的最大依赖就是那密云水库的一盆水了。

4 中央公园

中央公园这名字对年轻的北京人来说是陌生的，因为它已于 1928 年改称为中山公园了。如果以出售门票，向社会开放，任人参观游览和休息作为公园的定义的话，应当说中央公园是北京城里最早的一座公园。

中央公园原是明清两代的社稷坛，位于天安门和端门的右侧。社稷坛是皇帝祭社（土神）和稷（谷神）的地方。古代君主都立社稷，并以社稷的存亡作为国家存亡的标志。所以后来社稷也就成了国家的代名词。

当年的社稷坛和与位于天安和端门左侧的太庙一样，都没有现今面向天安门广场的南门。它们的门都开在天安门里面。社稷坛的门朝东，坛内的建筑不多。其中心为正方形坛一座，"四面石阶各三级，上咸用五色土随方筑之"。五色土，即青、赤、白、黑、黄五种颜色之土。清朝时，这些土分别取自直隶涿、霸二州和房山、东安二县。所谓随方筑之乃是依方位放置不同颜色的土，东放青土，南放赤土，西放白土，北放黑土，中间放黄土。土的中心埋着一块斜顶方石称为"社主"。坛的北面为"拜殿"，即皇帝祭拜社稷之所。殿后为"戟门"，这里曾陈列着 72 条方天画戟。

民国成立以后，先后出任北洋政府交通总长和内务总长的朱启钤，鉴于当时已开通了紫禁城东西南北长街和南北池子，"禁御既除，熙攘弥便"，于是便想开辟一个公园，"为都人士女游息之所"。当他见到社稷坛内古柏参天，而且"地望青华，景物巨丽"之时，便有意将此地辟为公园。

1914 年秋，在朱启钤的直接参与下，决定先从与天安门成一线的红墙上辟一园门。开门后，由园门铺了一条向北然后折向西的路，接着又修了一条环绕坛墙的路。略加整理之后，便于当年的 10 月 10 日开园了。由于它"地当九衢之中"，故名为中央公园（亦称稷园）。

中央公园初期归董事会经办，不少社会知名人士都曾赞助捐款，朱启钤一直任会长。1924 年，园中增建长廊时，曾在大门内建厅 3 间，并在大厅东西两壁上嵌石，镌刻有由朱启钤所拟的《中央公园记》和董事名录。

公园中的建筑和设施是陆续兴建和添置的。到 1928 年夏改名为中山公园时，园内景物和格局大致是：园门东侧为售票处，每张门票 20 大枚，合银元 5 分。就当时物价而论，一张门票的价钱值六七个鸡蛋，因此不能算是便宜。紧挨着售票处设有兑换所。20 世纪早期，北京社会上的币制较乱，有银元有铜元还有钞票，而且每种都有辅币，彼此之间又按一定比例相互折合。因此公园设有兑换所为游人提供方便。

当游人步入园内，首先映入眼帘的便是那汉白玉蓝瓦牌坊。该牌坊原名"克林德碑"，是在德国的要挟下为"纪念"在义和团运动中被杀的德国公使克林德而立的。它起先立于东单西总布胡同口，上面镌有英、法、拉丁等文字，并刻有光绪皇帝赞誉美化克林德的上谕。第一世界大战后，德国战败，于是在中国民众的一致要求下，北洋政府于1919年将该碑迁至中央公园，并改名为"公理战胜坊"，刻"公理战胜"四字于其上。在此牌坊前，有喷水池，池中建有汉白玉灯塔坊一座，水花喷射时，灯塔坊更显得洁白如玉。穿过公理战胜坊，展现在游人面前的是两尊铜像——1912年滦州起义时牺牲的施从云和王金铭两位英雄。他们曾和冯玉祥一起秘密组织革命团体，响应武昌起义，准备一举攻占北京，结束清王朝统治，但不幸事败，壮烈捐躯。

循长廊东行，便见一水池，池形浑圆，上跨4个狮子，中间有汉白玉雕成的喷水塔。池外铺着碎石，围绕水池平铺着4个扇形花池。循廊而北，乃有西式房舍，这便是行健会的所在。行健会是"公共讲习体育之地"，当时设有台球以供游人娱乐。穿廊而北，有五并间大殿一座，中设餐馆，取名"来今雨轩"。匾额墨地金字，为徐世昌所书。"来今雨"三字取自杜诗"旧雨不来今雨来"。该诗意思是：杜甫初至唐都长安，许多人见唐玄宗很赏识他的才华，都争先恐后来巴结，但不久那些趋炎附势之辈见杜甫并没被皇帝重用，再也不登杜甫门了。可是有位不随俗的耿直人，却在一个秋雨的日子里特意来访杜甫。这件事无疑使杜甫深受感动，于是他便借雨赋诗，以旧雨和今雨来比喻两种截然不同的朋友，并以此抒发自己的处境和心情。

说起来今雨轩，便会使昔日常去那里的人们想到它的美味菜肴和夏日天棚下的茶座以及独具风味的冬菜馅包子。轩前多花池，轩后山石罗列，木栏竹篱层层环绕，有投壶亭形如十字坐落园东。"投壶"是古代宴会时的一种礼制，也是一种助酒兴的游戏。在宴席中间置一特制的酒壶，壶口有单孔、双孔之别，壶中盛酒；游戏时，用矢投壶口，以投中多少来决定胜负。投四矢为一局，三局两胜。胜者罚输者饮酒。轩东则为公园董事会的办公地。

顺环坛路北行，有假山、松、柏、榆、槐等树木参差其间，山顶建六角亭，重檐垂脊，油饰光亮。山石之北，一片篱障之内为公园的育花之所。再往北行，即至御河（俗称筒子河），夏日荷花极盛，可泛舟于御河之中。环坛北路之两侧古柏参天。路中有格言亭，为富绅雍剑秋捐资兴建，石柱上刻有古代圣贤之格言，故名格言亭。亭外围有12个石球，并用铁链相锁。四面还留有便道。园之西北角，有木桥一座横跨御河之上，长有数丈，走过桥去北行，即是西华门；不过桥而南行，便是园的西面。环坛路西侧有粗木构架方亭一座，四周围着短竹篱笆，颇有野趣。亭西为鹿园，当年在这里可以看到大小梅花鹿在园中四处走动。亭南土山上有草亭，山不高但曲径蜿蜒。土山之南，便是一带廊舍，自北而南宛如长巷。

此处有三家茶舍最为知名，即春明馆、长美轩和柏斯馨。每家茶舍都各具特色，吸引着不同的主顾光临。从暮春至深秋这几个月中，它们的生意最佳。其时，南北甬道两边都摆上茶桌、藤椅。道西还支有天棚，遇雨茶客可蔽于棚下。每至夏日薄暮，不少学人士女云集于此，挂在柏枝上的彩灯，入夜时分便放出柔和的光，一阵阵的茉莉茶香，更使人感到清凉陶醉。从这里再向南，西面乃绘影楼，即同生照相馆。若有兴趣，游人可约摄像师于园中各处摄影留念。

由此处东转，便是园的南面了。路南有兰亭碑亭。此乃圆明园旧物。亭之四周皆有玻璃，其中有乾隆诗碑。往东便是唐花坞了。唐花乃经人工烘培而先于花期开放之花。其坞南向水面，结构精巧，四隅斜出。坞中奇花异卉竞相争艳。由唐花坞向南跨小石桥，可登上环水之小洲，洲上建屋三间，四周怪石杂陈，不可名状。往西行即是园中第一胜处的水榭。它北半居水，南面跨陆，朱栏画槛，红窗彩壁。每当绿柳低垂之时，在此稍坐片刻便觉心旷神怡。

自唐花坞东行，可见习礼亭。该亭原在礼部，建园时移建于此。从此亭沿水南行，有养禽所一处，其中以梧桐鸟为最多，鹤、沙鸥、水鸭等均可见。再南陈有数十盆鱼缸，此乃是园中的养鱼之地。这里所养的金鱼品种繁多，其中的红狮子头名品，体大至尺，红白分明，非常醒目。游人至此驻足者颇多。

习礼亭之北，则是社稷坛街门了。门内有丁香林、芍药圃。其实公园中的花卉品类繁多，不可胜数。然其中以牡丹、芍药、丁香、菊花四类最为知名。

公园中牡丹和芍药都种植在花圃和花坛之中，当时几乎每个花圃和花坛中都培育着数十株。暮春时节"国色天香"的牡丹和千姿百态的芍药相继开放。园中的景色更是锦上添花。往日可能是由于牡丹太名贵了，所以市上很少见有售卖牡丹的，然而芍药则不然。"燕京五月好风光，芍药盈筐满市香。试解枝头分数朵，宣窑瓶插砚池旁。"这正说明芍药早已成了商品被人四处售卖了。可是公园中的芍药却和牡丹一样，只是供人欣赏而不售卖的，因此就更显出了它的高雅和名贵。

待金风吹入公园，那里的菊花开始争艳了。菊花，京城又称"九花"，因为每年九月方是它的花期，故而得名。由于池栽菊花不如盆栽开得鲜艳，故此公园以盆栽为主。每逢菊花初放，园工们便将精心培育的种种名菊端出来令人欣赏。其中名贵的品种有：绿牡丹、墨牡丹、白牡丹、黄雪塔、白雪塔、西施图、盖西施、盖杨妃、紫凤朝阳、紫凤荷花、南朝粉黛、秋水明霞、阳春白雪、银线重楼、细女陪红等50余种。

1925年，伟大的民主革命先行者孙中山在北京病逝，曾在公园原社稷坛的拜殿举行了隆重的追悼会。1928年夏，公园便因此改名为中山公园，其殿亦改称为中山堂。堂的西南为卫生陈列所，堂后有图书馆。

通观整个公园的布局是以祭坛为中心，坛之左右有山，前后临水。翠柏古槐覆盖全园，即使是冬日这里亦可称得上是绿色的世界。开园后增置的建筑，多出自朱启钤之构想，这不单单是因为朱氏的热心，更由于他精于古建筑。一亭一榭，一山一池，都安排得井井有条，真可说是别具匠心。

5 京城的医和药

俗话说：吃五谷杂粮哪有不生病的。有了病就要找医生和服药。因此人们生活中少不了医和药。

近代北京人的治病主要还是延请中医饮服中药。当时为皇家治病的专门机构是太医院。清末太医院共设5个专科，即大方脉、小方脉、外科、眼科、口齿科。其职位有院使、院判、御医、吏目、医士等。从院使到医士各以所业专科，分班入宫，轮流侍值。宫廷用药，则有御药房。它是内廷采办、储存、配制药品的所在。

北京民间看病所请的中医，一种是在家挂牌的先生（北京人称医生为先生），病人可至其家中就诊，先生亦受请出诊。当时管出诊叫"出马"。另一种是在药铺挂牌看病，北京人称之为"坐堂先生"。病人可到药铺找先生看病，这种先生一般是不"出马"的。北京人到医院找中医看病是民国以后才有的事。在北京中医队伍里，有4位最负盛名，这就是过去家喻户晓的"四大名医"。

以擅长医治虚劳病闻名的内科中医萧龙友，是四大名医中最年长的一位。早年在成都时，便以所掌握的医学知识，采用草药治愈了不少患霍乱的病人。他认为辨证论治是中医普遍应用的一个诊疗规律。他诊病时坚持采用望、闻、问、切四诊。在临床治疗上，他强调"因人治宜"的方针。萧为人正直，医德极有口碑，贫民看病他分文不取。袁世凯称帝后患水肿，请他去官邸为其治病，他曾几次婉言谢绝，后迫于无奈，才为袁一诊，诊后他曾对人言，袁在政治、军事上均为死路，生命上安有活路可言？不久，袁果然病死。30年代他还与孔伯华共创"北京国医学院"，培养了不少中医人才。

施今墨是位擅长治疗内科杂病的著名医生。早年他加入孙中山领导的同盟会。从医后，他不仅积极整理中医古籍，还致力于中医人才的培养，曾创设了华北国医学院。施一贯提倡多临床多认病。由于他能"勤求古训，博采众方"，因此治疗效果卓著。

出生在山东曲阜的孔伯华，自幼就从祖父习医，20世纪初，他应聘前来北京，任外城官医院医官。孔治病必寻其本，认为本愈则末不治自安。在继承与发扬中医学方面，孔曾做过不少的努力，如他和施今墨等人一起反对国民党政府废止中医的决定。在创办国医学院和培养中医人才上，他都花了不少心血。

四大名医中的汪逢春，以治时令温病擅长，曾在京城行医50年左右。他还于40年代初创办国药会馆讲习班，不少有志于中医的后辈，通过讲习班学到了丰富的中医知识，医术大有长进。他家居前门外五斗斋胡同，规定每日清晨来寓所就医者，先来的10人分文不取，并可免费给药，因此贫寒之家无钱看病买药的人，便可早早前去就诊。

布满全城的大小中药铺，是为北京百姓提供药品的所在。据1915年统计，参加京师商会的药铺达100

余所。北京中药铺多半有其门市，同时也有加工作坊。一般设有前柜后柜两部分。前柜业务有收方、抓药、扎柜、包药、计价、收款等项；后柜设有斗部，专门负责供应前柜草药。因各种草药均放入木抽屉（俗称斗子）中，故有斗部之说。丸药部，专门负责丸、散、膏、丹等药酒的配制。

北京的中药铺都夸耀自己卖的药为"地道药材"。其实，一家药铺若能真正卖"地道药材"，就算价高一等，也应称之为上好药铺了。俗话说："人不地道不可交，药不地道不可食。"稍有医药常识的人都知道，凡治病之药材，不但不可以假冒真，就是同一名称的药，产地不同，都难于互代。故名医言之曰："凡诸草木昆虫，产之有地，根叶花实，采之有时，失其地则性味少异，失其味则气味不全。"药物因生长的地域不同，足以影响到功效的差异，而入药的不同部分，又都有一定的生长成熟时期，若违失收采时机，则会减低药物的功能。北京的中药铺，尤其是老字号的店铺，像西鹤年堂、同仁堂等，之所以声誉好，就是它们宁可卖缺，也要保证药材的地道性，决不以次充好，更不能以假冒真。

往日北京的中药铺，为了使病人能一目了然地知道所服药的药性，店铺中的抓药店员（俗称抓斗子的），将抓完的每味药都要单独包成一小包，并在包内放上一张有说明图的粉红色小纸片。病人只要看看这张小纸片，就会对这味药的性能有所了解。为防止抓药者的失误，店铺的柜前还专设一人，对抓好的药逐味进行检查，此人称之为"扎柜"。经扎柜检查后，抓药的店员便将诸小包药摆成一个金字塔形，然后用印有铺字号的门票纸将药、药方和漏药汁的小笊篱一起包好交给抓药的人。

过去北京还有不少中药铺以售独门药而闻名。如同仁堂的虎骨酒，乾元堂的王府舒肝丸，东安堂的万应锭，德爱堂的七珍丹，文魁堂的狗皮膏药等。

近代北京人治病虽然仍以中医、中药为主，但随着西方科学技术的不断传入，京城也逐渐出现了西药、西医，并开设了以西医为主的医院。

最早来北京行西医的是英国基督教伦敦会的洛克哈特，他于1861年开设了一家诊所。1865年伦敦会又在米市大街设立双旗杆医所，并有配药房经销西药。次年北京高林洋行开始为上海老德记西药房经售西药。

20世纪初，有位叫科克伦的英国伦敦会医生在北京行医，据说博得了慈禧太后及其亲信太监李莲英的赏识，慈禧为他捐助过不少银两。1906年，基督教伦敦会与英、美的另外几个教会在京开办了协和医学堂。

20世纪初期，北京经售西药之处多为洋行，如德商礼和洋行、禅臣洋行、美最时洋行、雅利洋行，美商慎昌洋行，意商维兰各那洋行，日商信昌洋行等。入民国以后，华人开设的西药房也多了起来。如大栅栏中除重建的老德记西药房（1900年该药房曾被义和团烧毁）外，还有中英药房、屈臣氏药房等多家，前门大街上有中美药房、五洲药房，东单有华安药房，东四有鼎记药房，东安市场有和记大药房，鼓楼前有燕京药房，西四有北京药房，菜市口有英法药房等。这些药房起先均以配方为主。配方是依据医生的处方临时调配。所配之药多半为水剂、散剂或油膏。后来才逐渐出现机制药片和注射剂。

北京的医院属于教会开办的有：德国医院，美国同仁医院，法国医院。这三家医院均设在使馆界内。在使馆界外的有：美以美会妇婴医院，日华同仁医院，美国协和医院，公理会医院，道济医院等。其中以协和医院最为知名，该院是美国罗氏基金会（罗氏即洛克菲勒）以 20 万美元购得协和医学堂，并以 12.5 万元购得豫王府，于 1921 年开办的。

1906 年，清政府民政部于东城钱粮胡同设立内城官医院，于宣武门外梁家园设外城官医院。医院中分设中医和西医两部。1912 年，由市政督办朱启钤筹款，在南城香厂建楼，成立仁民医院。1915 年，东四十条设立了第一传染病医院。1918 年，由国人集资的中央医院于阜成门大街建立，它便是今天人民医院的前身。

个人挂牌看病的西医，在民国后也逐渐增多。如民国初年北新桥小三条的李树人医生，他擅长西医内科。王府井大街的徐景文医生，则以西医治牙闻名。30 年代，北京掀起了开办诊疗所的热潮。据不完全统计，40 年代初，北京有大小西医诊所 130 家左右。诊所的设备均较简陋，有的仅有一二名医务人员。

五　习俗与轶事

 岁时习俗

作为京城的北京，从农历正月到腊月，一岁之中的应时之俗实为不少。这些习俗沿至近代，大部分也都保留了下来。

农历一月，北京人称作正月。正月初一为"元旦"，也叫"大年初一"。民国改元后，北京政府于1914年将农历元旦改称春节，此名一直沿用至今。春节的大年初一子时，京城家家都烧香接神，燃放鞭炮以辞旧岁。这时家里人都要围坐在一起吃饺子。在包饺子前，事先还要把一枚铜钱暗中包在一个饺子里面，谁吃到那个放钱的饺子，就意味着在新的一年里他将有好财运。饭后家人中的晚辈要给长辈拜年，长辈要给未成年的晚辈一些"压岁钱"。平辈间也相互以吉祥话道贺新年。

当通宵达旦之后，人们便吃上一点年糕，这是取其年年高升之意。接着人们便出门拜年了。拜年活动一直延至初五。初一这天，北京人一般是素食，还禁刀剪裁割、清扫倒水等事。初二这天，家家户户都祭财神，按五行之说，水主财，因此这天城里的水车子出得特别早，每家每户都希望最先得到"财水"。清末京城内安装自来水后，初二这天清晨水站前挤满了人在等待着接水。广安门外的财神庙这天一清早就开庙，想发财的人和商号都争着去烧第一炷高香。

民国以前，正月初一至初五，京城中的家庭妇女一般都不串亲访友。初六这天，街市店铺在一片爆竹声中开始营业，妇女也可与平常一样外出，尤其是新媳妇还要回娘家。

从初八开始，京城又进入了灯节。初八这天要"顺星"或称"祭星"。这天过午，家庭主妇们就要将年前买来的灯花纸拿出来，那灯花纸看上去很薄，上面彩色斑斑，每一种颜色都呈一个点状向外洇展开来。灵巧的手只要将它左叠右叠之后，一剪下去便成了许许多多花瓣，然后再将其花瓣捻成了有"座"的小灯。据说它象征着天上的星宿。入夜时分，每家都要用108盏颜色鲜艳的小纸灯，个个都沾上油，从屋里一直顺路安放在大门口。屋内的桌上、床头、炉子上，以至院内的各个角落都放上一盏。灯被点燃后分外好看，尤其是在雪夜，晶莹的白雪衬托着点燃了的盏盏"星宿"，更加夺目。

正月十五是北京灯节的正日子，古时称"上元"。是日入夜大街小巷都张灯，银花火树光彩照人。明代和清代初年灯市在今灯市口，后散于前门外和花市、琉璃厂诸处。从正月十三到十七灯市里人山人海，夜晚人们在这里观灯，白天人们在此处购物。上元这天，家家户户都吃元宵。

"立春"多在正月，这天北京人多喜吃萝卜，名为"咬春"。还要吃春饼。是时熟肉铺中酱肘子、肘花、熏肉、炉肉、小肚齐备。同时还准备了"盒子"、"苏盘"，里面分格放着各种熟肉。吃时先在烙好的薄饼上放些甜面酱和洋角葱，随后把炒好的绿豆芽、熏干炒菠菜、炒黄韭、黄花炒木耳、摊鸡蛋，以及各种熟肉等也放在薄饼之上，然后卷而食之。正月二十五这天，粮店都要祭祀仓神，市民要吃好的饭菜，名为"填仓"。

正月里，京城寺庙大部分都开放。除每月定期开庙的土地庙、护国寺、隆福寺外，还有朝阳门外的东岳庙，东便门外的三忠祠，东直门外的铁塔寺，德胜门外的大钟寺，西便门外的白云观。其中以白云观最为热闹。正月十九是白云观庙会的高潮，这天称作"燕九"，许多民间花会，如高跷、秧歌等在这里表演。

二月，北京已是初春，初一为太阳真君的生辰，太阳宫开庙，接纳进香人。街上有卖太阳糕的，这种糕是用米粉做成小饼，5个一层，上面还捏成一个米粉小鸟。初二为中和节，或叫"龙抬头"，若吃饼叫龙鳞饼，若吃面称龙须面。妇女不做针线活一天，以防伤了龙目。此外，娘家还要将出嫁的姑娘接回，因此有"二月二接宝贝儿，宝贝儿不来掉眼泪儿"的谚语传诵。

京城三月，正是暮春时节。三月初一起，东便门外桥南的蟠桃宫开庙三天。那里地处京城东南，依河傍柳，逛庙游玩者甚众。正是"三月初三春正长，蟠桃宫里看烧香。沿河一带风微起，十丈红尘匝地扬"。假如逛庙游玩之后，天色尚早，游人可以站在桥头看看那来来往往的运粮船也颇有一番情趣。清末运粮船虽然看不见了，但仍可见到来回行驶的摆渡船。

清明也在三月，是日祭扫坟墓，以纸钱放于坟头之上。三月北京多风少雨。"春雨贵如油"是北京春天少雨的生动写实。十八这天有"戏子会"之俗，当天京城各戏班都停演一天，艺人多来到前门外山涧口的精忠庙烧香聚会。

三月时榆钱儿方绿，用面与榆钱拌匀，蒸而食之，称"榆钱糕"。天坛所出的龙须菜，清明后在市上也可以买到，洗净后放些油醋盐拌着吃，非常清脆。同时由天津运来的黄花鱼也上市了，人们争着品尝其鲜。正是"黄花鱼到要争先，多费无非早一天。正是榆钱才绿后，声声芍药卖街前"。

四月京城鲜花争艳，从初一到十五，京西万寿寺以及妙峰山等处均开庙半月。尤其是妙峰山，虽然地处远西郊，但香火之盛，早于诸庙。往日进香之时，真有万头攒动之势。初八为浴佛日，各寺均为佛沐浴。信佛的人，除施舍财物以济贫外，还将煮好的青黄豆散发给路人，这叫作"舍缘豆"。十八日，妇女多至娘娘庙进香，以求子求福。二十八这天为药王生日，各药王庙进香的人络绎不绝。四月应时之物是将鲜玫瑰花或鲜藤萝花调上蜜糖为馅做成饼，然后一蒸，称之为"玫瑰饼"或"藤萝饼"。

五月的北京，榴花似火。从初一开始便用雄黄泡酒。然后将它涂在孩子的前额和面颊上，以此来避邪或避毒。初五为"端午"节，或称五月节，家家都要吃粽子，不少人家还要以粽子、樱桃、桑葚、荸荠、五月鲜桃、香白杏以及五毒饼、玫瑰饼等供佛祭祖。这一天还要在门上插菖蒲和艾叶，并将剪好了的葫芦、五毒符咒和钟馗像贴在门上。年轻妇女往往用她们那双灵巧的手把小块丝绸做成小老虎和粽子、葫芦等模型，然后用彩线穿好挂在小孩的背上，意思是避邪消灾。

六月已至盛夏，全城满眼苍翠。初一右安门外中顶开庙进香。初六善果寺、戒台寺有晾经的活动。京城人也于是日晾晒衣物，据说可使衣物不生虫。二十三这天，凡是畜养牲畜的家都祭马王。二十四传说为关羽生日，官府及铺户多焚香叩祭。是月开始入伏，且多雨，俗言"六月连阴吃饱饭"。四乡村民有"头伏种萝卜，二伏种菜，三伏种荞麦"之谚。伏天之中饮食也有讲究，即所谓"头伏饺子，二伏面，三伏烙饼摊鸡蛋"的说法。

七月北京已是盛暑将尽、秋风送爽的时节了。七月初七俗称牛郎会织女。是日中午，妇女将一盆水放于太阳下，并将绣花针放在水面上漂浮，看其针影以卜女工的巧与拙，称作"乞巧"。入夜，家人往往集于庭院仰视星空，以观牛郎、织女星。十五为中元，有的人家还保有祭扫坟墓之习俗。是夜，街巷小孩有举

"荷花灯"的，亦有拿着以香坠于青蒿之上，然后点燃，有如万点流萤的"蒿子灯"的。他们往来于胡同之中，并唱着"荷花灯、蒿子灯，今日点了，明日扔"的歌谣。同时各寺庙还要造法船至夜而烧。"立秋"适在七月，是月饭菜丰盛，称为"贴秋膘"。

北京的八月，秋色正浓。自初一开始崇文门外灶君庙开庙三日，初三为灶君生日。进香者川流不断。八月十五为中秋节。入夜月圆时分，庭院设一桌，上置月光马（即纸上绘有太阴星君）及泥塑兔爷，然后供上瓜果、月饼、毛豆枝等供品，并向月焚香行礼。礼毕将月光马与阡张（条状带窟窿的纸，酷似串起的冥钱）一起烧尽。拜者惟女性，俗言"男不拜月，女不祭灶"。

九月京城乃黄花遍地，一片深秋景色。九月九日为重阳节，民众有登高远眺之俗。陶然亭、北郊土城、天宁寺、西山八大寺均是登高之地。入民国以后，北海的白塔山，景山之巅亦是理想的去处。是日民间常将枣、栗放在发好的面团之上，蒸而食之，叫做吃花糕。九月菊花盛开，北京人酷爱这种不惧寒霜之花，常于此时将其栽于花盆之中和阶下以作观赏。

北京俗语"十月——鬼穿衣"。农历十月已经入冬。初一这天，家家裁五色纸做男女衣，叫做"寒衣"。入夜呼先人而焚"寒衣"于门外，这叫做送"寒衣"。此时大小书店开始出售宪书，胡同里也有背着箱子叫卖宪书的小贩行走。

十一月，北国京城已是"千里冰封，万里雪飘"的季节。是月冬至时，民间多吃馄饨，有"冬至馄饨夏至面"的谚语相流传。一些人常于冬至时画"九九消寒图"一幅。图上分 9 格 81 圈，上阴下晴，左风右雨，雪当中；或画腊梅一枝，枝上有花瓣 81 个，每天涂 1 瓣，待涂尽九九即到了春回大地的时候了。

腊月是一岁中最后的一个月。初八这天要用各种米及杂粮、干果之类合在一起熬粥，名谓"腊八粥"。除了上供外，亲友间还相互赠送。这天不少人家还要制作"腊八醋"。腊八后，街上"画来！买画"，"供花来，买供花"！"松柏枝儿来！芝麻秸儿"的叫卖声已经不绝于耳了。

腊月二十以后，街上又增设了卖关东糖的小摊。二十三是祭灶日，祭灶必由男子主持，供品为关东糖、糖瓜、南糖，还有草料、杂豆之类。是夜在供祭完毕后，将灶王爷与灶龛一起焚化。祭完灶就是"小年"了。家家陆续清洁什物，请出"神主"（祖先牌位），布置祀品。供品中必有一盆"年饭"，饭上摆有干鲜果品，并插有松柏枝。家家还要在门上贴春联，此乃"新符换旧符"之举。除夕之夜，家人都要换上新衣，穿上新鞋，带上新帽。接着全家要祭祖，然后吃团圆饺子，同时要将芝麻秸铺于庭院甬道上，人们踩上去吱吱作响，此举叫"踩岁"。意思是踩掉一年的晦气。屋里屋外被高悬的春灯照得一片明亮，孩子们尽情地玩耍，等候着午夜时刻的到来，这意味着新的一年即将开始。

旗人的破落

往日北京这地方旗人很多。旗人是指八旗人而言。所谓八旗，即正黄、正白、正红、正蓝四旗，镶以红色的镶黄、镶白、镶蓝和镶以白色的镶红四旗，合为八旗。八旗最早为努尔哈赤所设，是满族军政、兵民合一的组织。后来努尔哈赤的继承人皇太极将八旗制加以改革和健全，编入旗籍的就不仅有满人，同时还蒙古人、汉人等其他族众。

清军进入北京后，曾强迫内城汉民迁往外城居住，腾出内城房舍分拨八旗人居住，每个旗丁授房两间。往日的北京老人还都记得，北城德胜门和安定门，分别为正黄旗和镶黄旗居住；南城崇文门和宣武门，分别为正蓝旗和镶蓝旗居住；西城西直门和阜成门，分别为正红旗和镶红旗居住；东城东直门和朝阳门，分别为正白旗和镶白旗居住。住在北京的八旗称京旗。

清朝统治者对八旗历来非常重视，认为八旗乃是立国之本。因此政府不惜用大量的财力和物力，在经济上给予八旗官兵优厚的待遇。据清朝前期的统计，八旗官兵的开支占去清政府总支出的一半以上。八旗官兵不仅可以领俸米，还可以领俸银。以康熙年间为例，骑兵每月饷银3两，每年俸米240斗；步兵的饷银和俸米为骑兵的一半。军官则大大高于士卒，如都统一级（各旗的长官）每年饷银180两，俸米900斗。至于王公贵族更是高得出奇，一个亲王每年的饷银竟达万两之巨。

京旗官兵除了定期领取定额粮饷以外，政府还分给他们"份地"，或称"旗地"。这些土地都是清军入关后，于北京郊外通过几次强行圈占从老百姓手里硬夺过来的。按规定每个旗丁授田30亩。所授之田，不准买卖，亦不向政府输纳粮草。

八旗旗丁之所以能在经济上享受如此优厚的待遇，是清政府企图以此来稳定旗人，使他们能长期保持勇武精神，时时准备为清廷效力，让大清基业得以长存。但事与愿违，享受着优厚待遇的旗人，并没能保持旺盛的士气。由于京旗长期居住在北京，很少出去打仗，因此不仅宗室王公，就是大多数旗丁都养成了游手好闲的习气，而将"遵守祖训，保持旧俗"给忘却了。

京旗在入关前饮食烹调都比较简单，无非是吃肉食面和饮奶而已，那时盐、酱等佐料均较珍贵。入关后，旗人在饮食上虽然还保持着一些满俗，比方今天老北京能叫上名的"硬面饽饽"、"萨其马"、"芙蓉糕"之类，就是常食用的满式点心。又比如在菜肴上，还存有烧燎、白煮的做法。今天，在西四南的砂锅居，过去就是专卖白煮肉和下水的馆子，故有"白肉居"的俗名。尽管如此，旗人在北京住久了，满汉两族在饮食上必然交往日密。就点心而论，清代中期以后旗人的祭桌上也摆上了汉人祭神时用的"蜜供"。而外城汉人开的饽饽铺里，也有"萨其马"出售了。午夜"硬面饽饽"的吆喝声，则无论内城和外城的人们都能听到。至于菜肴，早在乾隆年间，旗人就已将汉席上的清炖燕窝、红烧鱼翅等名贵佳肴纳入宴席，形成了满汉全席。此后，京城内又有全羊席、全鳝席、豚蹄席的出现，这些美味佳肴，无不博得旗人的喜爱。上至皇室，下至旗丁都在讲吃论饮。晚清时，虽然大清国势每况愈下，然而皇帝每膳必备水陆珍馐81样之多。而亲王、郡王府第也不下几十个菜。就是到了民国初年，清朝业已倾覆，然而紫禁城内仍然称孤道寡，生活奢侈不减当年；王府之内其阔绰摆谱亦如往日。在这些王府门口，中午和晚上都有"堆子"或称"堆兵"在等"折罗"。"折罗"就是宴席上吃剩下的残羹剩饭。而"堆子"就是清初设于北京街巷口上的旗兵的后代，到晚清时，他们的家业早已凋零，生活已经十分潦倒。尽管他们已到了吃"折罗"的地步，仍然是穷讲究。"堆子"所提的椭圆形饭盒子里，盘碗齐备，讨要"折罗"时，还要求施主将汤菜和炒菜分开，以防串味。无怪往日北京里巷之中有句俗语："破旗人穷讲究，全为了嘴了。"

过去北京曾有这样一首竹枝词："衫敞前襟草帽横，手擎虎叭喇儿行。官差署了原无事，早饭完了便出城。"词中生动地描述了一个纨绔子弟不务正业，东游西逛的形象。这"手擎虎叭喇儿行"一句，描绘的就是他们喜欢玩鸟的形态。当时不少旗人子弟驯养黄鸟、红殿、交嘴等。这些鸟驯养数日后，便能做叼旗、打弹等玩意儿。但时间不会多久，这些季鸟就会死去。除了玩这些小鸟之外，还有些人玩鸽、玩鹰。鸽子的品种很多，上品相当昂贵，有时一对名鸽居然能卖上几十两银子。据说清末北京有 10 个知名的鸽贩子，其中除两名汉人外，其余都是旗人。至于玩鹰的，也是旗人居多。每年夏秋季节，还是玩蛐蛐的时刻。适时，从宫廷到里巷均有斗蟋蟀之举。清宫中蟋蟀的角斗早已成了一种赌博的方式，赌金之巨甚是惊人，时常一局赌下来，输赢能达万两白银。上有所好，下必仿效。因此王公府第中的纨绔以至普通旗丁也纷纷以斗蟋蟀为赌。当时宣武门外常设斗蟋蟀的场子。每当斗蟋蟀时节，那里悬灯结彩，车水马龙，热闹非凡。其赌数颇为可观。"食不厌其精，玩必尽其兴"，没想到竟成了清廷给旗人以优厚待遇的结果。

清廷在给予八旗优厚待遇的同时，对八旗官兵也施以严格管制，只要求他们舞刀弄枪，驰马试箭。这样，便使广大旗丁被禁锢在狭小族籍圈内，没有选择职业的自由，也没有参加生产劳动的条件。到了清朝中期，曾有个名叫罗家彦的御史上奏折请求允许旗人从事手工业劳动，嘉庆皇帝见奏后居然说，如果像这个御史所说的那样，八旗男女都去搞纺织而不讲求军事训练，这岂不是与国家赡养八旗禁旅屯驻京师的意愿相违背了吗？按照规定，八旗官兵每月得演武 6 次，一年之内要有春秋大操两次。然而时至嘉庆朝，京旗这种军事训练即使有，也只是流于形式罢了。嘉庆当时明知京旗的状况，但仍禁止旗丁从事生产劳动，由此不难看出清廷的迂腐和冥顽了。

既然八旗之众生活日趋腐化，又无生计可寻，因此他们的经济来源只能是靠饷银俸米、份地、房产。

而旗丁长期居住京城,份地既有限又不能自种,还得派人讨租,往返盘费之外,所得之物,随手也就花掉了。因此,有的旗丁干脆让份地荒芜。后来随着旗丁生活的日渐侈靡,入不敷出,于是他们便暗暗地将本来不能出卖的份地典卖出去。至于房产一项,不仅普通旗丁逐渐将其典卖,就是王公府第也一一被出卖了。因此,对众多的旗丁来说,剩下的唯一经济来源,那就是粮饷。

粮指俸米。起先是按月发放的。后来改为按季发放。当时京城米仓附近(如禄米仓)都有老米碓房,这些碓房不仅经营碓米业务,其中不少碓房还兼放高利贷。旗丁领到的俸米一般较粗,因此必须到碓房重碓一次,方能食用。晚清时,生活日窘、寅吃卯粮的旗丁,往往要向碓房借债。这样一来,碓房老板就渐渐控制了旗丁直接到粮仓领米的权利,他们勾结八旗官员替代旗丁本人直接到粮仓领米,先扣除借债旗丁的利息后,再将俸米发给旗丁。后来碓房老板又与官仓合谋,在俸米中掺土加水,使原先不受碓房控制的旗丁也无法领到可食之米,而必须经碓房重新"加工"之后方可食用。这样,这些旗丁也渐渐落入碓房老板毂中。不仅是旗丁如此,就是一些世宦之家有时也难逃此厄运。《旧京琐记》的作者夏仁虎,是位生活在清末民初的人,他久居京师,又活动于政界,有着广泛的社会见闻。他在书中曾有这样一段记载,他家一个邻居是满族的世爵,从表面上看去,颇为阔绰,有如王府一般。然而有一天,作者的家人在一家老米铺见到邻居的大少爷在向碓房老板借钱，他像晚辈一样对米铺掌柜毕恭毕敬，而米铺掌柜却俨然长者样子，先是对这大少爷骂了一通，接着便是盘问和数落。大少爷老老实实地站在旁边听着，一声没敢吭。待米铺掌柜数落完，他才慢慢吞吞地说，今个家里又有不得已的应酬，还得请老叔帮个忙。铺掌柜厉声说道："我哪里有钱去填这无底洞。"大少爷接了一句，"秋俸就要到了"！铺掌柜听后一阵冷笑，傲慢地说："甭说秋俸了，你家所有的俸禄钱粮都搭在一块，也还不清欠我的债。"大少爷听后几乎眼泪都要掉下来了。这时，米铺掌柜慢慢地拿出一张四两的钱票顺手掷给了他，并骂着说，"暂且拿去，我知道你又要'探母'（逛窑子）去了！"这位大少爷见了钱，连忙致谢，然后离去了。这段文字，生动地刻画出一个破落旗人的形象！

谈到旗人饷银，由于衙门官吏贪污受贿之风盛行，因此旗丁所领到的饷银日渐减少。到了清末，一个旗丁尽管每月能领到一两多银子，但需要向旗官送"三节两寿"之礼，实际上已经所剩无几了。

入不敷出，进少支多，几乎已成了清末每家旗人的通病。而这些旗人又无生计可做，真是成了些"不士、不农、不工、不商、不兵、不民"之辈。等待他们的只有破落一途。民国初年，北京报纸上旗人破落的消息比比皆是。面对此种情况，孙中山任南京临时政府大总统时就曾指出，"所有旗民生计，尤宜急为筹画"。不少旗人由此开始迈上了自力更生之路，有的当了厨师、茶役、裱糊匠、人力车夫等，成了自食其力的人。

由于清室的倾覆，以及旗人的破落，入民国以后，不少旗人也开始变更自己的姓氏，有的采用原姓氏的首字为姓，如叶赫那拉氏，改为姓叶；伊雅拉氏，改为伊姓。也有采用谐音为自己姓氏的，如巴雅拉氏姓白，完颜氏姓王，瓜尔佳氏姓关等。

东交民巷

东交民巷，原来叫做江米巷。据说元朝时就有了这名称。明朝时，正阳门里，顺着城墙往东，至崇文门大街，北面临长安大街这一地区称南薰坊，坊中有东江米巷之名；正阳门里，顺城墙往西，至宣武门大街这一地区称大时雍坊，坊中有西江米巷之名。

至于江米巷名称的由来，传有两种说法。一是元朝时，南来的漕米，经水道运进城后就近出售，而江米巷这地方正临近入城的水道，想来这里就是囤米出售之所在；另一种说法是江米南方称糯米，性黏。元明时营建北京宫室多用江米汁灌浆以求牢固。为了便于修筑宫室，就在距运粮水道和营建物均近的地方囤下江米以备使用，因此这囤米之处便得名江米巷。

随着时间的流逝，江米巷也和北京不少胡同街道的名称一样，渐渐成了历史的陈迹而徒有其名了。据传明朝后期有则笑话说，当时有个太监很会阿谀奉承，颇得皇帝的宠信，于是便狗仗人势在京城里作威作福。凡有官员不听他话的，他就常以这样的话相威胁：难道不想想你头上的这顶乌纱帽是从哪里来的？其意无非是你之所以能当官，乃是皇帝赐的，而皇帝又是我的后台，若想当官就得听我的才是。不料一次当他又用这话吓唬一个官员时，这官员却慢条斯理地答道，下官这顶乌纱帽是花银子从东江米巷买来的。这一幽默滑稽的回答，引起了在场官员们的哄堂大笑，那太监只好在讪讪中离去。从这则笑话可知东江米巷在明代后期可能已是一个很热闹的集市了。

此外，由于明清两代东交民巷这地方设有不少专门主管对外关系和民族事务的机构，因此这里就成了朝廷对外交往和与少数民族联络的活动中心。所以到了清末，江米巷之名中的"江米"二字就完全为其谐音"交民"所取代而成了交民巷。

东交民巷演变成使馆区是经历一段历史过程的。1840年的鸦片战争虽然使西方列强打开了中国闭关自守的大门，但以英国为首的列强不仅没能取得在中国建立使馆的权利，就是"洋人居住房屋、垣墙，均不准建筑夷楼夷式，不许书写夷字夷文字体"。当然这并不是说，在鸦片战争前北京就没有外国人居住。早在14世纪时已有俄国人住在北京了。清康熙年间，俄国正式派遣使节到达北京。《尼布楚条约》签订以后，俄国有些人自愿来到北京，清政府将他们编制起来，让他们集中居住在东直门里。后来俄国的商队经常来到北京，他们就住在东交民巷。1698年，清政府指定东交民巷为俄国官方派遣商队的居住地。《恰克图条约》签订后，俄国在东交民巷内设立了东正教堂，当时称作南馆。及至1858年《天津条约》签订，俄国获得了派驻公使的权利，于是俄国教士便从南馆迁至东直门里的北馆，南馆就成了俄国的公使馆。

英法联军之役后，西方各国正式派遣使节驻于北京，清政府设立总理各国事务衙门专门承办此事。当时英国所选使馆的地址最大，在东交民巷北端，御河桥西的梁公府。这座巨大的府邸，原为康熙第七子淳王允祐的王府，允祐的后人奕梁降袭，才改称梁公府。府内大殿数进，布有园林，亭台山石，曲径幽深。英设使馆之初，曾允诺每年出500英镑租金。然而转眼间英国即以修缮府第工程甚巨为由，一下扣除了1000英镑的修缮费。继英国之后，法国在东交民巷路北、台基厂南口西南的纯公府建起了使馆。纯公名堪，是清代的镇国公，1860年奉命守卫东陵。由于法国人看中该府，纯堪只得忍痛将眷属移出府第而租给法国人。

除英、法、俄以外，美国、德国、比利时、西班牙、意大利、奥国、日本、荷兰等国也先后在东交民巷设立了使馆。在当时，东交民巷的这些外国使馆也只不过是夹杂在中国官署与民宅当中的一块块畸形区域罢了。那时的东交民巷也和北京其他普通街道没有什么区别，"无风三尺土，下雨满街泥"。所不同的是各国使馆的院落里，洋人能按照自己国家的习俗和风尚加以布置和美化。

西方列强的入侵激起了中国人民的不断反抗。高举反帝旗帜的义和团尽管有这样那样的不足，但它无疑是唤起人民进行斗争的号角。当义和团的反帝声浪逐渐高涨时，西方列强感到极度不安，为了保住在华的既得利益，他们从天津调来了400多洋兵，将所有使馆通往外面的路口完全堵住。当时的使馆并没有固定的界限，由于洋兵的封锁，因此东交民巷一带的居民也就被困在其中了。

1900年6月20日，德国公使克林德于东单附近向清军开枪挑衅，端王载漪手下的虎神营兵被迫还击，克林德被击毙。随着东交民巷的洋人和洋兵开始的报复行动，无比愤慨的中国军民打响了围攻使馆的战斗。义和团民众首先攻占了奥、荷两使馆，接着比、意两使馆也被攻下。由于东交民巷使馆的洋人纷纷撤入英国使馆，因此当时团民和清军实际围攻的目标乃是英国使馆。洋人凭借着他们手中的洋枪以及仍旧保留的既高且厚的府墙进行顽强的抵抗。经过20多天的围攻，英国使馆未能攻下，而这时外国侵略军却已从天津长驱直入。慈禧太后的态度也大起变化，竟然差人将西瓜水果等物送至使馆表示慰问。8月中旬，侵略军攻陷北京，慈禧太后和光绪帝西逃，使馆之围被解。围攻使馆前后达57天之久，这时东交民巷一带已是四处瓦砾了。

八国联军攻占北京后，清朝统治者再次向外国入侵者屈服。在《辛丑条约》签订之前，清政府虽一再建议要将圆明园划为使馆区，但列强诸国都表示不同意，仍坚持要在东交民巷划定界线辟为使馆区。清政

北京史话

府无奈，只得在条约的第七条中允承："大清国国家允定各使馆境界以为专与住用之处，并独由使馆管理，中国民人不准在界内居住，亦可自行防守。"并在"使馆界图说"中，标明了东交民巷使馆区的四至界线。就这样，腐朽的清政府便将东交民巷的1000多亩土地白白划给了外国侵略者。东交民巷成了一块国耻之地。

东交民巷使馆区的四至大概是：南面顺城根由前门起至崇文门止；东面由崇文门顺大街往北至东单牌楼以北80米处；西面之线由前门东一带棋盘街北顺皇城往东至长安门迤北南皇城根处；北面之线由南皇城根往东至皇城拐角往北20米处划一横线往东至东单牌楼以北80米处。四至以内无论衙署、祠庙、府第、民宅一律归入使馆区。

使馆界一经划定，各国便纷纷扩充或寻觅地址，兴建具有异国风格的各式永久性建筑了。比如英国使馆，它属于扩大范围一类。除保留原有使馆地盘外，并将翰林院、銮驾库、兵部、工部、鞑子馆及鸿胪寺的一部分包括了进来，其中扩充的地方大部分当成了练兵场。俄国使馆在英使馆之南，实际上是将东交民巷西河沿、公安街、三座门大街这块地方与英馆平分。在俄国占领的这块地上，西部为使馆，东部为兵营。法国使馆也和英国使馆一样，在其原址上大加扩充，同时将台基厂三条胡同路北民宅废址修建成兵营，并将崇文门大街以西空地占为练兵场。美国使馆原在俄国使馆的对面。划定使馆界后，将会同馆、教习庶常馆一带并入，南端直抵城墙，其兵营正当东交民巷的入口处。日本使馆原在东交民巷路北，地域较窄小，使馆界划定便迁到了原肃王府和詹事府地方，与英国使馆隔御河相对。德、奥、意、荷等国也在东交民巷各占有一席之地。各国在东交民巷占据地盘后，还将闲置地皮租给洋商经营，于是各国银行、邮电、医院、洋行、饭店便纷纷在这里建立了起来。

使馆界划定后，南面有原城墙作为屏障，东西北三面又建起了既厚又高的围墙，墙上建有外宽内窄的枪眼，墙外留有十丈空地，一方面为了操练士兵，另一面为了守卫，并筑堡垒8个，各通道均设有铁栅栏。1915年各国使馆还订立"公使馆规则"，对东交民巷使馆区轮流实行管理。这样东交民巷实际上就成了"城中城"、"国中国"。

辛亥革命时，东交民巷使团一致支持袁世凯对抗革命，并帮助他窃取了革命的果实。北洋政府统治时代，张勋复辟失败之后，他便逃到了东交民巷，后来又被转送出京。1924年北京政变后，被赶出宫的溥仪也逃到了东交民巷的日本使馆，3个月后又被日本人送到了天津。当时军阀政府无论发生大小事故，总是东交民巷的外国人事先得知消息，并且参与其中。南京国民党政府成立后，外国人仍然在这里胡作非为。洗刷历史上的耻辱，使东交民巷真正回到了人民的怀抱，那是1949年北平和平解放以后的事了。

服饰漫谈

具有悠久文化的中华民族，对于人类文明标志的服饰，是非常重视的，古人曾将服饰放在人类生活衣、食、住、行四大要素之首。另外人们也不难在中国史书上的《舆服志》中，找到当时社会部分服饰的颜色、样式以及演变的情况。

北京人的服饰，在17世纪中期，满族入主中原，建都北京以后曾有过一次大的变革，即以旗袍、马褂、剃发垂辫替代了过去的宽袍、大袖和蓄发的传统装束。后来随着时间的流逝，北京满族服饰吸收了汉文化的影响，融合了汉族服饰的长处而不断改进演化，从而使京城的服饰更放异彩。

清末民初，在北京的大街小巷四处都可以看到穿长袍的人。夏日穿单的长袍，叫"大褂"。其衣料一般为棉布的，较好的为葛布或夏布的。高贵之家则多穿丝质的。清中叶后一首名为《罗褂》的竹枝词里写道："作阔穿来是软罗，腕摇金镯宝光摩。那知都下豪华客，看戏依然葛夏多。"春秋时节穿夹袍，入冬后就要穿棉袍或皮袍了。鸦片战争后，"洋布"大量输入，北京人就用它做棉袍。当时有一首题为《绵袍》的竹枝词中说："绵袍洋布制荆妻，颜色鲜明价又低。可惜一冬穿未罢，浑身如蒜拌茄泥。"蒜拌茄泥是北京的一句歇后语，意思是全烂了。

长袍的特点是袍长过膝，领子呈圆形，带大襟有扣襻，袖子肥瘦适中，下摆有的有开褀，有的没有。这种长袍是由当初满人穿的袖子窄且袖口上还带有酷似马蹄形的"马蹄袖"及四面开褀的旗袍演变而来的。

由于当时长袍是北京男女都穿的服装，因此讲究装饰的妇女，每每在长袍的衣襟、领口、袖边处镶上绦子花边，作为美的点缀。清末北京曾时兴瘦长袍，其长能覆足，袖仅容臂，形不掩臀，若猛地一蹲，就可能撕裂。据说当时这是仿西装而制作的，于是便有人讥讽说："新式衣裳夸有根，极长极窄太难论。洋人著服图灵便，几见缠躬不可蹲。"

谈到长袍必然要谈马褂。今天北京的青年人恐怕很少见到马褂了。马褂实际上是骑马时穿在身上的一种外罩衣。这种对襟、圆领、有开褀带扣襻儿的外罩衣，在满人入关后，北京四处都可以见到。当时的马褂身长只到肚脐，袖长只到肘臂，四面开褀。它也和长袍一样，可做成皮、棉、夹、单以应四季之需。有一种身长至胯，袖长至腕的对襟马褂，曾在民间广泛流行，尤其是上了岁数的人更喜欢它。除了对襟马褂外，还有一种带大襟的马褂，其中"琵琶襟"马褂颇受人欢迎。所谓琵琶襟，就是马褂的大襟边不裁到腋下，而是从齐肩的第二个纽襟处直接向下裁，不裁到底，让下襟缺一小截。一般来说，对襟马褂多用作礼服，带大襟的马褂多用作常服，而琵琶襟马褂用作行装。

马褂是男子的一般服装，多半是不镶边的。但是在同治、光绪之际，北京街上也曾有过"时兴马褂大镶边，女子衣襟男子穿"的新潮，不过潮总是潮，只是昙花一现而已。马褂以黄色为贵，俗称"黄马褂"。清代平民不准穿，清代中晚期，赏穿黄马褂的官宦实为不少。

披风、斗篷、袄、坎肩、盾子、兜肚和主腰这几种服装也是近代北京人常穿的。披风、斗篷和袄，这些都是北京汉族妇女长久以来所保持的服饰。披风实际上就是外套，其式样多为对襟、大袖、低领。一般套在袄外面穿。斗篷则多为妇女在冬季外出时穿用。至于袄可分夹、棉两种，面料各有不同，妇女贴身小袄多为鲜艳的颜色。坎肩是由"半臂"演变而来，这种无领、无袖，一般为对襟式的坎肩，无论是穿在衣服里边，还是套在外面，穿脱都很方便，因此一直博得男女老幼的喜爱。盾子，顾名思义，是起护心作用的。北京人把它当做内衣穿。可分单、夹、棉三种。它和坎肩所不同的是比坎肩短，裁得更贴身，同时为了加强护心作用，不采取对襟式，而是把襟开在腋下。兜肚，又名抹胸或抹腹。它存在的历史很久了。近代北京的兜肚是用块方布上下对角垂直使用，将上角剪下一小角，使其成为两角，用一根绳或带系在上方两角处，然后将绳或带挂在颈上；左右两角也各系一绳或一带，然后将绳或带系于腰间。主腰分夹、棉两种，为北京老年人所喜爱。主腰正好将腰围住，以避风寒，一般在左右肋处开襟并加扣襻。

裙子为中国妇女所喜爱穿的下裳。满族妇女在入关前，为了便于骑射，"衣皆连裳，不分上下"，入关后也和汉族妇女一样开始穿裙了。当时的裙子因受窄幅织物的限制，所以不管是褶裙还是斜裙，都只能缝成筒子式样，将其套于腰间，而且还"长及其足"。

清末时，北京人不分男女曾流行穿裤子。裤子分满裆和套裆两种形式。满裆裤有单、夹、棉、皮之别。套裆裤亦称套裤，是一种只有裤腿的裤子，穿时用带系在腰间。同治年间，京城时兴肥套裤，当时有一首《肥套裤》的竹枝词说："英雄盖世古来稀，哪像如今套裤肥。举鼎拔山何足论，居然粗腿有三围。"

戴冠是满族男子的习俗，而对于汉族男子来说则不然。但是当剃发垂辫已成为定制，北京的男子也就不分种族、不分长幼便都戴起帽子来了。近代北京人戴的帽子大致可分为礼帽、便帽和风帽三种。礼帽就是官帽，又称"大帽"。因季节不同，该帽有两种款式。秋冬时戴的叫"暖帽"，圆形，周围有一道檐边，帽以呢、缎或布、皮制成。帽顶的中间，装有用红色丝绦编制成的帽纬，北京人管它叫"红缨子"。春夏时戴的称"凉帽"，形状有似倒置的漏斗。多以麦秸、竹或藤编成。北京对便帽的叫法颇多，如"小帽"、"帽头"、"瓜皮帽"、"六块玉"等。这种帽子是由6块同质材料拼制而成。因季节不同小帽选用的面料也各异。天热时多用黑纱，天凉时多用黑缎。帽顶是用缎子编成的"算盘结"。帽子的前方正中需钉上一块"帽正"，以示帽子的前后。往日北京老年人每到冬季都喜欢戴风帽，它又称"风领"或"马虎"，常为棉、皮两种。面用呢子或缎子制成的较多。帽扇至肩，可以保护脖颈以御风寒。

穿靴子也是满人的习俗。满人入关前，常以皮子为面制成靴子，里面絮上"乌刺草"，因此这种带勒的靴子称为"皮乌刺"。入关后，靴子就不絮乌刺草了，同时面也由皮而易为布或缎了。当时汉族居民仍以穿鞋为主，若穿官服则要穿靴。清政府曾规定平民百姓不许穿方头靴，只许穿尖头的靴子。鞋的式样有多种，如扁头、云头、单梁、双梁等。至于妇女，直到清末，北京的汉族妇女缠足之风仍很盛行，因此穿弓形鞋的人极为普遍，无怪有人写道："坤鞋制造甚精工，争奈人多足似弓。庚子已过尚依旧，几时强迫变颓风？"满族妇女是不缠足的，她们多半穿带有木底的绣花鞋，当时叫做"高底鞋"。

民国成立后，政府曾制定了"服制条例"，规定男子和女子礼服式样。男子礼服分为大礼服和常礼服两类。女子礼服，上衣长与膝齐，袖和手腕齐，对襟带领，左右前后都开楔。下为带褶的筒裙。但实际上，男服仍然以袍褂为主，直到20年代初，国家机关、公司、洋行、银行等部门穿西装的人才开始多了起来。至于帽子仍以小帽为主。当时夏戴草帽，冬戴风帽，学生戴鸭舌帽，卖力气人冬天戴毡帽者四处可见。

20年代以前，北京的妇女所穿的一般为上衣下裙。青年妇女多喜欢穿瘦身修长的衫袄，衣领挺高，下穿黑色长裙。直到20年代后，才将长袍推陈出新，改造成近代体现女性曲线美的旗袍。

民国成立后，北京无论男女脚下都穿鞋了。小圆口千层底布鞋颇为流行。西式皮鞋为年青的公务人员所喜爱。从 20 年代开始穿橡胶底球鞋的学生增多了。青年妇女穿高跟鞋也是从这时才开始的。

天桥一瞥

位于北京城南的天桥，对北京人来说是个十分熟悉的名字。但准确地说，天桥应当有两个含义：一是桥的本身；二是因桥而得名的地方。谈到桥的本身，恐怕今天生活在北京的人，见过它的已经极少了。它本是一座南北方向的单孔石桥，两边有汉白玉栏杆，桥的北边东西各有一个土堆，这土堆处原本是两个亭子。桥建于元代，桥身较高。光绪三十二年（1906），天桥的高桥身被拆掉了，改成了一座低矮的石板桥。1934 年，因展宽马路石板桥也被拆除，夷为平地，从此天桥就不复存在了。至于何以取名为"天桥"，有人演义说是由于真龙天子年年要经过此桥去祭天，因此名为"天桥"；也有人说它是沟通人世与天界的必经之桥，因此叫天桥。

至于因天桥而得名的这块地方，它的大致范围是珠市口以南，永定门以北，东临天坛，西濒先农坛。正是"两坛烟树郁相抢，左为太乙右耤田"。

天桥这地方，一向地势低洼，每至雨季，南城雨水全都汇聚于此，加上两坛外面的水渠和龙须沟的流水，这里便形成了一片沼泽。清代乾隆年间曾对这里的河渠进行过一次整治，并栽了许多柳树与荷花。虽然后来河渠曾遭破坏，但绿柳新荷犹存。光绪中期，这里的景象是："桥之南，固旷无屋舍。官道之旁，惟树木荷塘而已。即桥北大街两侧，亦有广大之空场各一，场北酒楼茶肆在焉。登楼南望，绿波涟漪，杂以鲜荷芦苇，杨柳梢头，烟云笼罩，飞鸟起灭。"真是一派江南水乡的景色。

清朝末年，天桥已成了杂技、曲艺以及形形色色摊贩的汇聚之地了。到了民国初期，这里更趋发展。究竟是什么原因促使它发展的呢？细说起来有远因也有近因。据说明代天桥一带就有了"穷汉市"和"日昃市"。清初，内城尽被旗人占据，而前门外不远的地方又成了商贾云集的繁华区，因此适合广大下层民众口味的浮摊杂耍，只有向南辟地图存。时至晚清，由于马家铺和卢沟桥成了京津和京汉铁路的"北京站"，致使永定门的地位日趋重要起来，南来北往的旅客进出永定门时，天桥成了必经之地。后来庚子年义和团举义，天坛附近又一度成为火车站，使来往天桥的人更趋增多。1913 年，北京政府为拆除前门月墙，将前门东面的店铺作价收购拆毁。于是商民们便自行集资，于天桥两侧的空地上建成 7 条街巷，巷中铺户、浮摊、舞台、茶馆样样皆有。这样天桥就成了一个名副其实的市场了。后来市政当局又在天桥建了通往东西城的电车总站，于是就更加兴旺起来了。

昔日的天桥热闹非凡，"游人如蚁，然窭人居多"。窭人就是穷苦人，天桥是穷苦人的世界，也是穷苦人的乐园。一些穷苦人不怕灰尘、汗臭到这里来，为的是买点便宜东西，吃点便宜食品，欣赏一下合乎自己口味的艺术。至于卖艺献技的亦是穷人。他们为了糊口活命不得不把自己的悲剧反串成喜剧，把自己的眼泪滴成歌曲，真是"满眼哀鸿自歌舞，听歌人亦是哀鸿"。

天桥这块方圆2里左右的地方，往日做买卖的摊贩行商比比皆是。据30年代统计，这里各行各业的摊贩和铺商近800户。其中有估衣摊、旧货摊、布摊、旧鞋摊、木器摊、破瓶乱罐摊、纸烟阁、钱摊、吃食摊、茶馆、饭铺、挂货铺、古玩铺等，不一而足。

在天桥的各种商贩中，经营估衣的商贩可以说是最多的。所谓估衣就是旧衣服，这些旧衣服多来自当铺。昔日当铺常将死号不赎的衣服卖给估衣铺和摊贩。天桥卖估衣的以搭布棚的居多，当路人走过，他们便百般殷勤地往棚里让。让进棚里，必先以劣货充优，并且漫天要价。也有露天售卖者，但不多。不管是布棚里或露天售卖，所卖的衣服在领腰上都写有暗码价目，吆喝出的价钱则是暗码价的一倍，甚至还多。同行人中，不明白讲价，均以彼此了解的术语取代，如以"老浑"代替1，"柳"代替2，"桃"代替3等。

"低头斋"是老北京送给天桥旧鞋摊的雅号。"低头斋"上所售的鞋，一种是以低价收进，经过鞋贩子的刷洗、缝补、拼染后出售。这种鞋买回家后，穿不了几日，不是鞋帮鞋底脱节，就是鞋底磨穿。因此北京人给它起了个绰号叫"过街烂"。另一种是以旧布铺陈做成，样式很新，价钱也廉，然而也极不结实，穿在脚上几天就破，顾客名之为"糙活"。再有一种是大鞋店中样式过时的积压品，拿到这里出售，其价钱要比大店里便宜得多。

在天桥，凡有卖布的摊子，四周必然有好多人围着，这些围着的人倒不一定都是买主，而多是欣赏卖布人的吆喝声。什么"您来瞅呀，您来看，这块'大五福'呀，到了大布店啊，真值您三块半啊！到了我这摊呀，算您三块整啊！您说还不贱啊，我算您两块八、两块七、两块六！得了我闹个本啊，您给两块整吧！"他们是越吆喝越来劲，粗着脖子红着脸，汗水浸透了衣衫。他们卖布从不用尺量，而是将双臂一伸，名之为"一庹（tuǒ）"，并告诉买者，一庹五尺，两庹一丈。待顾客买至家中用尺一量，三庹不过才 12 尺。若有心人带尺前往，他们也会应付，接过你的尺后，飞速在布上一走，明明是 16 尺，然而到家一量便成了 13 尺，其弊端就出在他们量布时左手掐布于错位之上。

往日天桥售卖假药的药摊和坐商也不在少数，其中以兜售医治性病和牙疾的药为最多。制作这些假药的原料，都为药庄制药所剩之渣子，售卖假药者，以极廉的价钱将这些本就废弃的药渣子买下，进行再加工，而制成什么"混元一气丹"、"三鞭大补丸"等假药出售。这些假药多是疗效甚微，或根本没有疗效。然而亦有个别江湖医生所售卖的药物还是有其疗效的，如医治瘊子的瘊子药、杀死寄生虫的虫子药都属于此类。

说到天桥的吃食摊，真可以说是让人眼花缭乱，什么马蹄烧饼、焦圈、豆汁、爆肚、灌肠、炒肝、豆腐脑、卤煮火烧、贴饼子、炸三角儿等，几乎所有北京平民百姓吃得起的大众吃食这里样样俱全。这些吃食摊一般都带棚子，有的是用木板钉的；也有的是用白布蓝布支的。棚子里的桌子和凳子都很低矮，长桌长凳的木头都是白茬的。

尽管天桥地方并不广阔，但这里却设有评书桌，落子馆，杂技场，马戏棚，唱大鼓，说相声，讲故事，拉洋片，以及摔跤、踢毽、练叉、变戏法、耍猴等各式各样的游乐场地。此外形形色色的小戏园也处处皆是，如天乐、丹桂、荣合、德盛轩、万盛轩、小小戏院等。在这些园子中，不仅有京戏、评戏，还有梆子、皮黄等表演。天桥的艺人是相当辛苦的，他们从早忙到晚，很少有休息时间，一般都要日夜唱两场戏，节日时还要加演早场戏。从天亮到午夜忙个不停。尽管如此忙碌，但收入微薄。不仅如此，还要忍受着地痞、流氓、恶霸的百般侮辱和欺凌。天桥的恶霸们经常借故对艺人敲诈，奸淫女艺人乃是司空见惯的事，艺人受害亦不敢声张，只好忍气吞声。

无论严寒还是酷暑，也无论多么疲劳，天桥的艺人都得登台出演。频繁的演出对艺人来讲倒是个锻炼，因为大量的舞台实践使他们的表演技能、技巧越来越成熟、精湛。不少艺人就是通过天桥这地方的锤炼，才成了誉满京城甚至全国的艺术家。比如今天被全国广大观众誉为相声大师的侯宝林，12 岁时就在天桥学艺，他曾在京剧中演过生、旦、净、丑不同角色，这一段在天桥的艰辛的社会生活和频繁的艺术实践，为他日后在相声上的突出成就打下了极为牢固的基础。此外，如评书艺人白庆林（云里飞），模仿禽鸣的张昆山（百鸟张），说笑话的李德锡（万人迷），琴书艺人关学曾，杂技艺人曹鹏飞（飞飞飞），拉洋片艺人焦金池（大金牙）等都是在天桥这块土地上使自己的技艺达到炉火纯青的境地的。

除了卖货献艺的以外，天桥这地方还聚集了旧社会中常见的一些人，如衣衫褴褛的乞丐，花枝招展的妓女，衣冠楚楚的骗子，道貌岸然的恶棍等。这里想特别说说那些看相算命的先生。往日北京，算命看相的以天桥为最多。据说民国成立后的一段时间，这里的命馆、卦摊年年增加。为什么会有如此现象呢？一是因为这地方不像庙会集市那样一年只有有限的几天，而是常年人山人海，热闹非常；二是这地方是穷苦人出没、汇聚的场所，他们各有各的苦难，却总希望能有一天时来运转，摆脱自己的不佳境遇，因此他们把看相算命当成了精神寄托。看相算命的先生为了养家糊口，虽然有的也读过一些相书，或者拜过师傅，但总是以骗术作为攫取金钱的手段。比如你要让他卜一下父母的健康状况，他就会写下"父在母先亡"几个字。这几个字若让算命先生解释，怎么说都对。因为不加标点是一种意思，加了标点又是一种意思。若你父母均健在，他会讲这乃是日后的事。又比如，为了证实自己算得灵验，一些摆相摊的往往在其摊的周围先找一个人，对他说，"我一看就知你弟兄几人"。一边说一边就在事先备好的一张纸条上写，然而却不让周围人看见他写了什么。写完后便问那人，"你弟兄几人啊！快向大伙说说。"被问及的人说："哥仨。"于是算命的人便说："好！相对了一位，我这里写的也是弟兄三人。"这时他还不拿出他写的纸条给大家看，而是像第一个那样相第二个人。这样一连相上五六个或六七个以后，他才将自己写的纸条给人看，结果是无一相错。这其中的诡计就在于第一张纸条上他什么也没写，第二张纸条上所写的为第一个人所说的数目，第三张纸条上写的是第二个人说的数目，以下依此类推，最后再秘密地将第一张纸条上写下末一个人所说弟兄的数目。结果不明真相的人就会被弄得目瞪口呆。于是便有不少人纷纷让这位灵验的算命先生给自己算起命来了。

再有一提的便是天桥的乞丐，往日北京的乞丐几乎有一半左右都集中在这里，他们有着不同的年龄和性别，不同的身份和经历。其乞讨方式也各具特色。一些人沿街叫喊乞求残羹剩饭；一些人尾随人力车乞求乘者施舍；一些人则敞胸露怀，以砖擂胸求得怜悯而获得几个小钱；还有些乞丐由于饥饿难忍，便抓抢人家的食物。尽管他们的乞讨方式不同，但他们的命运却是共同的，那便是饥饿和死亡。

天桥这地方可以说集中表现了旧中国的苦难，也是旧中国下层社会尤其是近代北京下层社会的一个缩影。

6 文化名人与北京

近世的中国文化名人大半都到过或曾居住于北京。有关他们在北京的事迹也颇多，但限于篇幅，这里仅能择其几位一述。

被誉为"学界泰斗，人世楷模"的蔡元培先生，自1890年始，曾数次前来北京，其中以他任北京大学校长时留居京城的时间最长。在此期间蔡先生可以称道的事颇多，其中最值得赞誉的莫过于他那"思想自由，兼容并包"的办学方针。他认为"无论何种学派，苟其言之成理，持之有故"，则可听其自由发展。就是本着这种精神，他主持北京大学后，便聘请了思想进步倡导革新的李大钊、陈独秀、胡适等人来校任教；同时他也为政治上保守的学者保留了一席之地，如辜鸿铭、刘师培、黄侃等人。其中以辜最为特殊，此人不仅自己身着长袍马褂，拖着长辫，而且要他的车夫亦发辫三尺。然而他却精通英、法、德、意、奥、俄、拉丁、印度多国语言，并通晓各国历史，他将中文著作译成英文，较林语堂用英语撰写《京华烟云》还早。

一次，当新派学生在攻击这些旧派教授时，蔡先生便耐心地开导他们说："我希望你们学辜先生的英文和刘先生的国学，并不要你们去拥护复辟或君主立宪。"平时他对看不惯辜的人也常说："对辜先生，勿苟责其外表，尊之以淹贯中外的硕学通人，他是当之无愧的。"正因为如此，北京大学的旧派教授亦多敬佩蔡先生，黄侃就曾说过："余与蔡子民（即蔡元培）志不同，道不合，然蔡去余亦决不愿留。因环顾中国，除蔡子民外，亦无能用余之人。"

蔡元培的"兼容并包"思想，并非无所选择，实际上他正是为了将一批年轻而富有朝气，倾向革新的学者推上北京大学的讲台；也是为了给新思想，新文化，乃至马克思主义的传播争得一席之地。这些，在今天看来似很平常，但蔡所处的时代，乃是魑魅魍魉的时代，军阀横行的时代，马克思主义被视为"异端邪说"的时代。如果想到这些，就会更加体会蔡元培是一位多么有胆识的教育家啊！

"我很喜欢北平"，这是鲁迅逝世前怀着无限深情说的一句话。的确，鲁迅很热爱北京，北京也因鲁迅在这里生活和工作过而自豪。在北京生活了14年的鲁迅，曾在这里目睹了"二次革命"、袁世凯称帝、张勋复辟、军阀混战和三一八惨案，也还是在这里，他培养和造就了一批革命青年，写出了《呐喊》、《彷徨》等许许多多不朽的作品，并使自己从一个民主主义者逐渐转变成了无产阶级的斗士。

1912年5月，鲁迅经蔡元培推荐来北京教育部任职。不久，他便以"狐狸方去穴，桃偶已登场"的诗句，揭露了袁世凯北洋政府极端仇视革命的本质。1919年，他以"内心极为振奋"的心情，为五四爱国学生运动喝彩，并在《新青年》"马克思主义研究"专号上，发表文章歌颂俄国十月革命。1925年，鲁迅积极支持北京女子师范大学学生的正义斗争。其间，他曾起草《宣言》，并组成以他为中心的校务维持会，宣布与北洋政府教育部脱离关系，还亲自去医院探视被军警打伤的学生。1926 年，当反动军阀政府制造三一八惨案后，他当日便撰文控诉军阀政府大屠杀的罪行，并号召民众奋起战斗，讨还血债。同时他还不顾个人生命安危参加刘和珍、刘德群烈士的追悼会，不久又发表了《纪念刘和珍君》一文，让人民牢记血的教训，要与军阀政府斗争到底。

14 年的风风雨雨使鲁迅的骨头变得更硬了。1926 年他离开北京后还曾回来过两次，但在京待的时间都很短。可是在这短促的时间里，鲁迅也未曾停止过战斗。1929 年 5 月返京时，他在给学生们的讲演中，号召青年学生要着眼于现实的社会，要抱定为广大群众牺牲的精神。1932 年冬，鲁迅因母亲生病再次返京，当时白色恐布正笼罩着这座古老的城市，但鲁迅却毫无惧色，公开作了 5 次讲演，博得广大学生的热烈欢迎。其中以在北师大发表的《再论第三种人》最为精彩。鲁迅在演说中向学生们指出，新文化运动应从五四时讲起，那时穿皮鞋和西装的胡适、陈独秀踏进了文艺园地，但时代的车轮没有停转，前几年，另一种泥脚的工农，劳苦大众，也踏进了文坛，并且与他们起了激烈的斗争，这些皮鞋先生想用皮鞋脚将泥脚踢出去。但是，他们和五四运动时的敌人一样，也是要灭亡的。鲁迅在谈到"第三种人"时指出，他们说文学是"镜子"，没有阶级性，现状的情形怎样，所照出来的也怎样，这种说法是不对的。因为即使是一面镜子，它所照的，也会由于实物的不同而各异，何况在阶级社会里的人，由于阶级地位不同，每个人的这面镜子早就涂上了自己的颜色，又怎能超越阶级呢？从这短短的几句话中，便不难看出鲁迅的立场和观点是多么鲜明啊！

鲁迅自 1932 年离开北京就再没有回来过，但是他那"横眉冷对千夫指，俯首甘为孺子牛"的精神，却永远激励着北京的爱国青年，激励着每个有良知的北京人。

梅兰芳和老舍都是在北京出生和长大的，因而是地道的北京文化名人。近代的北京人，无论你会不会唱京戏，只要提起"四大名旦"来，自然便会想到梅兰芳的名字。的确，从 6 岁学戏，11 岁登台，在 50 多年的艺术生涯中，一贯严肃认真，尊重传统，善于继承，勇于创造，而且勤学苦练的梅兰芳，怎能不在北京人以至全国人的脑海里留下深刻的印象呢！梅兰芳的京剧舞台艺术，真可谓达到了炉火纯青的境界，如同他在《霸王别姬》、《贵妃醉酒》等戏中所塑造的艺术形象一样，他那赤诚的爱国之心和崇高的戏德更为人们所敬佩。

抗日战争时期，梅兰芳离开沦陷的上海来到了香港，但是不久香港也为侵略者所占领。于是他便毅然地留起了胡子，并对家人说："我留了胡子，日本鬼子还能强迫我演戏吗？"不料，日本人果然对梅兰芳采取了威胁、利诱的手段，企图强迫他登台演戏，以便达到粉饰太平的目的。但梅兰芳坚贞不屈，断然拒演。后来他回到了上海，敌伪政权又曾多次威逼他登台演戏，他同样以民族大义为重，置个人安危于不顾，坚决抵制演戏。一次，他为了逃脱敌人的胁迫，竟让医生给自己连续注射了3次伤寒预防针，致使发高烧达42度而卧床不起。最后他终于达到了不去演戏的目的。

梅兰芳的戏德，更是有口皆碑。他一向严于律己，尊重别人，待人至诚，乐于助人。每遇天灾，他总是带头参加义演，以其收入赈济灾民；在半个世纪的舞台艺术生涯中，每场演出，他从来没有误过场，也从不让别人给自己垫戏；平时他从不背后议论演员的长短，台上台下始终尊重别人的劳动；每当演出在后台时，他总是要向跑龙套的演员鞠躬问好，从来不以名角自居。昆曲名家俞振飞曾以《可贵的谦虚》为题撰文，对梅兰芳堪为人表的戏德大加称赞。

比梅兰芳小5岁的老舍，亦是北京家喻户晓的人物，每当提起《骆驼祥子》、《四世同堂》、《茶馆》、《龙须沟》这些作品，北京人便会滔滔不绝地说个不停。这是因为，北京人那种厚道多礼，爱脸尚和，求稳怕乱，循规蹈矩的心理，以及因职业身份的不同，衣着打扮、生活习惯、兴趣爱好、言谈举止各异的形象通过老舍的笔，栩栩如生地深深印在了人们的心中。也是因为在老舍的笔下，北京昔日婚丧之场面，年节之盛况，游乐之方式，甚至民间之忌讳等都展现得淋漓尽致。还因为在老舍的笔下，北京的胡同、院落、茶馆、酒铺、古迹、风景写得是那样富有诗意；作品中的语言听来又是那么京味十足。

　　老舍的童年是清贫的，他是在北京下层市民聚集的小胡同里出生和长大的。他了解京城市井社会的一切，同情和热爱北京的人民。他通过自己的作品去揭露军阀混战给人民带来的疾苦和灾难，反映人民大众所受的屈辱和压迫。北京是他生活的摇篮，也是他创作的源泉，北京一直和他息息相关。他热爱北京，北京对于他比任何地方都"更亲切，更真实，更有感情"。是的，老舍对北京的感情已溶在了他的血液中，印在了他的脑海里。他写了一辈子的北京，而且是站在人民的立场上去写北京的。他是无愧于北京和全国人民的"人民艺术家"。

参考书目

1. 光绪朝《顺天府志》。

2. 于敏中:《日下旧闻考》。

3. 朱一新:《京师坊巷志稿》。

4. 胡绳:《从鸦片战争到五四运动》。

5. 北京大学编著《北京史》。

6. 刘半农:《五十年来北平戏剧史料》。

7. 兰陵忧患生编著《京华百二竹枝词》。

8. 李家瑞:《北平风俗类征》。

9. 北京史研究会编《北京史论文集》第1、2集。

10. 北平市政府编《旧都文物略》。

《中国史话》总目录

系列名	序号	书 名	作 者
物质文明系列（10种）	1	农业科技史话	李根蟠
	2	水利史话	郭松义
	3	蚕桑丝绸史话	刘克祥
	4	棉麻纺织史话	刘克祥
	5	火器史话	王育成
	6	造纸史话	张大伟　曹江红
	7	印刷史话	罗仲辉
	8	矿冶史话	唐际根
	9	医学史话	朱建平　黄　健
	10	计量史话	关增建
物化历史系列（28种）	11	长江史话	卫家雄　华林甫
	12	黄河史话	辛德勇
	13	运河史话	付崇兰
	14	长城史话	叶小燕
	15	城市史话	付崇兰
	16	七大古都史话	李遇春　陈良伟
	17	民居建筑史话	白云翔
	18	宫殿建筑史话	杨鸿勋
	19	故宫史话	姜舜源
	20	园林史话	杨鸿勋
	21	圆明园史话	吴伯娅
	22	石窟寺史话	常　青
	23	古塔史话	刘祚臣
	24	寺观史话	陈可畏
	25	陵寝史话	刘庆柱　李毓芳
	26	敦煌史话	杨宝玉
	27	孔庙史话	曲英杰
	28	甲骨文史话	张利军
	29	金文史话	杜　勇　周宝宏

系列名	序号	书名	作者
物化历史系列（28种）	30	石器史话	李宗山
	31	石刻史话	赵 超
	32	古玉史话	卢兆荫
	33	青铜器史话	曹淑芹　殷玮璋
	34	简牍史话	王子今　赵宠亮
	35	陶瓷史话	谢端琚　马文宽
	36	玻璃器史话	安家瑶
	37	家具史话	李宗山
	38	文房四宝史话	李雪梅　安久亮
制度、名物与史事沿革系列（20种）	39	中国早期国家史话	王 和
	40	中华民族史话	陈琳国　陈 群
	41	官制史话	谢保成
	42	宰相史话	刘晖春
	43	监察史话	王 正
	44	科举史话	李尚英
	45	状元史话	宋元强
	46	学校史话	樊克政
	47	书院史话	樊克政
	48	赋役制度史话	徐东升
	49	军制史话	刘昭祥　王晓卫
	50	兵器史话	杨 毅　杨 泓
	51	名战史话	黄朴民
	52	屯田史话	张印栋
	53	商业史话	吴 慧
	54	货币史话	刘精诚　李祖德
	55	宫廷政治史话	任士英
	56	变法史话	王子今
	57	和亲史话	宋 超
	58	海疆开发史话	安 京

系列名	序号	书　名	作　者
交通与交流系列（13种）	59	丝绸之路史话	孟凡人
	60	海上丝路史话	杜　瑜
	61	漕运史话	江太新　苏金玉
	62	驿道史话	王子今
	63	旅行史话	黄石林
	64	航海史话	王　杰　李宝民　王　莉
	65	交通工具史话	郑若葵
	66	中西交流史话	张国刚
	67	满汉文化交流史话	定宜庄
	68	汉藏文化交流史话	刘　忠
	69	蒙藏文化交流史话	丁守璞　杨恩洪
	70	中日文化交流史话	冯佐哲
	71	中国阿拉伯文化交流史话	宋　岘
思想学术系列（21种）	72	文明起源史话	杜金鹏　焦天龙
	73	汉字史话	郭小武
	74	天文学史话	冯　时
	75	地理学史话	杜　瑜
	76	儒家史话	孙开泰
	77	法家史话	孙开泰
	78	兵家史话	王晓卫
	79	玄学史话	张齐明
	80	道教史话	王　卡
	81	佛教史话	魏道儒
	82	中国基督教史话	王美秀
	83	民间信仰史话	侯　杰
	84	训诂学史话	周信炎
	85	帛书史话	陈松长
	86	四书五经史话	黄鸿春

系列名	序号	书名	作者
思想学术系列（21种）	87	史学史话	谢保成
	88	哲学史话	谷 方
	89	方志史话	卫家雄
	90	考古学史话	朱乃诚
	91	物理学史话	王 冰
	92	地图史话	朱玲玲
文学艺术系列（8种）	93	书法史话	朱守道
	94	绘画史话	李福顺
	95	诗歌史话	陶文鹏
	96	散文史话	郑永晓
	97	音韵史话	张惠英
	98	戏曲史话	王卫民
	99	小说史话	周中明　吴家荣
	100	杂技史话	崔乐泉
社会风俗系列（13种）	101	宗族史话	冯尔康　阎爱民
	102	家庭史话	张国刚
	103	婚姻史话	张 涛　项永琴
	104	礼俗史话	王贵民
	105	节俗史话	韩养民　郭兴文
	106	饮食史话	王仁湘
	107	饮茶史话	王仁湘　杨焕新
	108	饮酒史话	袁立泽
	109	服饰史话	赵连赏
	110	体育史话	崔乐泉
	111	养生史话	罗时铭
	112	收藏史话	李雪梅
	113	丧葬史话	张捷夫

系列名	序号	书名	作者	
	114	鸦片战争史话	朱谐汉	
	115	太平天国史话	张远鹏	
	116	洋务运动史话	丁贤俊	
	117	甲午战争史话	寇伟	
	118	戊戌维新运动史话	刘悦斌	
	119	义和团史话	卞修跃	
	120	辛亥革命史话	张海鹏	邓红洲
	121	五四运动史话	常丕军	
	122	北洋政府史话	潘荣	魏又行
	123	国民政府史话	郑则民	
	124	十年内战史话	贾维	
近代政治史系列（28种）	125	中华苏维埃史话	杨丽琼	刘强
	126	西安事变史话	李义彬	
	127	抗日战争史话	荣维木	
	128	陕甘宁边区政府史话	刘东社	刘全娥
	129	解放战争史话	朱宗震	汪朝光
	130	革命根据地史话	马洪武	王明生
	131	中国人民解放军史话	荣维木	
	132	宪政史话	徐辉琪	付建成
	133	工人运动史话	唐玉良	高爱娣
	134	农民运动史话	方之光	龚云
	135	青年运动史话	郭贵儒	
	136	妇女运动史话	刘红	刘光永
	137	土地改革史话	董志凯	陈廷煊
	138	买办史话	潘君祥	顾柏荣
	139	四大家族史话	江绍贞	
	140	汪伪政权史话	闻少华	
	141	伪满洲国史话	齐福霖	

系列名	序号	书名	作者
近代经济生活系列（17种）	142	人口史话	姜涛
	143	禁烟史话	王宏斌
	144	海关史话	陈霞飞　蔡渭洲
	145	铁路史话	龚云
	146	矿业史话	纪辛
	147	航运史话	张后铨
	148	邮政史话	修晓波
	149	金融史话	陈争平
	150	通货膨胀史话	郑起东
	151	外债史话	陈争平
	152	商会史话	虞和平
	153	农业改进史话	章楷
	154	民族工业发展史话	徐建生
	155	灾荒史话	刘仰东　夏明方
	156	流民史话	池子华
	157	秘密社会史话	刘才赋
	158	旗人史话	刘小萌
近代中外关系系列（13种）	159	西洋器物传入中国史话	隋元芬
	160	中外不平等条约史话	李育民
	161	开埠史话	杜语
	162	教案史话	夏春涛
	163	中英关系史话	孙庆
	164	中法关系史话	葛夫平
	165	中德关系史话	杜继东
	166	中日关系史话	王建朗
	167	中美关系史话	陶文钊
	168	中俄关系史话	薛衔天
	169	中苏关系史话	黄纪莲
	170	华侨史话	陈民　任贵祥
	171	华工史话	董丛林

系列名	序号	书名	作者
近代精神文化系列（18种）	172	政治思想史话	朱志敏
	173	伦理道德史话	马勇
	174	启蒙思潮史话	彭平一
	175	三民主义史话	贺渊
	176	社会主义思潮史话	张武　张艳国　喻承久
	177	无政府主义思潮史话	汤庭芬
	178	教育史话	朱从兵
	179	大学史话	金以林
	180	留学史话	刘志强　张学继
	181	法制史话	李力
	182	报刊史话	李仲明
	183	出版史话	刘俐娜
	184	科学技术史话	姜超
	185	翻译史话	王晓丹
	186	美术史话	龚产兴
	187	音乐史话	梁茂春
	188	电影史话	孙立峰
	189	话剧史话	梁淑安
近代区域文化系列（十一种）	190	北京史话	果鸿孝
	191	上海史话	马学强　宋钻友
	192	天津史话	罗澍伟
	193	广州史话	张苹　张磊
	194	武汉史话	皮明庥　郑自来
	195	重庆史话	隗瀛涛　沈松平
	196	新疆史话	王建民
	197	西藏史话	徐志民
	198	香港史话	刘蜀永
	199	澳门史话	邓开颂　陆晓敏　杨仁飞
	200	台湾史话	程朝云